돈 나올 데가 월급밖에 없는

사회 초년생과 초보를 위한 월급 투자 시나리오

당신을 위한 진짜 쉬운 재테크

안녕하십니까. 우용표입니다. 이렇게 책을 통해서나마 인사를 드릴 수 있어 반가운 마음입니다.

아주 오래전이기는 하지만 저 역시 사회 초년생이었습니다. 취직만 하면 이 세상 모든 고민은 사라지고 앞으로 행복하게 살아갈 날만 이어질 것 같았고, 우리 부모님 세대보다 훨씬 더 잘 살 수 있을 것 같았습니다. '돈이 없지 '가오'가 없냐' 하던 시절도 있었고 말입니다. '사회 중년생'이 된 지금 되돌아보면 그 철없음과 근거 없는 자신감이 그리워지기도 합니다. 뭘 믿고 그렇게 용감했었는지 모르겠습니다. 독자분들은 부디 제가 겪었던 수많은 시행착오와 아픔을 모르고 지나가면 좋겠습니다.

2008년 처음 재테크 책을 출간하고 지금까지 활동을 이어오고 있습니다. 벌써 20년 가까운 시간이 지났습니다. 처음 활동을 시작할 땐 최대한 고객의 자유의지를 믿고 스스로 투자 금액과 투자상품을 고르도록 안내해드렸습니다. 심지어 무료로도 많이 상담해드리기도 했습니다. 결과는 놀랍게도 무료 상담했던 분들이나 '당신의 자유의지를 믿습니다' 했던 고객들은 아무것도 실행하지 않았습니다. 오히려 비싼 돈을 내고 저를 만나셨거나, 제가 아예 상품을 찍어서 '이거 무조건 해야 합니다' 했던 고객들은 돈과 시간이 아까워서라도 제가 제시한 대로 실행했습니다.

재테크를 조언하는 방식이 아니라 명령하듯 상품을 권해야 하더군요. 예를 들어 "미국 주식 하면 좋습니다"라고 하지 않고 "애플 사야 합니다", "미국 지수 ETF가 유망합니다" 대신 "S&P500 ETF 상품 이거 이거 해야 합니다" 하는 식으로 말씀드려야 결과가 좋았습니다. 이 책은 제가 경험했던 임상실험 결과를 바탕으로 하고 있습니다. 약간 명령조가 책의 내용에 들어가 있습니다. 제가 건방지거나 명령을 좋아해서가 아니라는 점을 미리 알아두시면 좋겠습니다(저 착한 사람입니다).

책의 기본적인 구성을 짧게 설명드리면 이렇습니다. 파트 1 인트로, 파트 2 월급 관리 부분에서는 재테크를 시작하기 위한 마인드세팅과 알아두면 좋을 것들에 대해 간략하게 정리했습니다. 이어지는 파트 3 주식, 파트 4 펀드, 파트 5 ETF는 실제 투자할 때 필요한 내용과 어떤 상품에 투자하면 좋을지에 대한 설명입니다. 파트 6 직장인 필수 통장 3종 세트는 직장인에게 혜택이 많은 필수 아이템에 대한 내용이고, 파트 7 월급별 목돈 만들기와 굴리기 포트폴리오에서는 월급에 따라 어떤 상품에 얼마를 넣으면 좋을지, 모은 목돈은 어떻게 굴리면 좋을지 모범답안을 준비했습니다. 이어지는 파트 8 부동산에서는 지금 당장 사회 초년생에게 필요한 전세, 월세 계약 등 실전 지식을 모아놓았습니다. 파트 9 아웃트로는 마지막 당부의 말씀입니다.

이 책은 세상을 바꿀만한 위대한 책은 분명히 아닙니다. 하지만 적어도 이 책을 읽고 있는 당신의 인생에는 분명 도움이 될 것입니다.

높은 확률로 잘 되실 텐데 그것은 모두 당신에게 재테크 정보를 제대로 잘 전달한 저의 덕입니다. 나중에 잘 되셔서 부디 '우용표 작가 덕분이다' 이렇게 SNS 한 줄 남겨주시면 제겐 큰 보람이 될 것입니다. 시작해봅시다. 월급을 받는다면 사회 초년생도, 재테크 1도 모르는 분들도 할 수 있는 돈 관리 재테크.

– 2024년 겨울, 우용표

목 _____ 차

PART 01

인트로

초보라고 ＿＿＿ 봐주지
않는 ＿＿＿ 사회

우리 사회는 사회 초년생을 비롯해 초보가 살아가기에 매우 힘들다. 일명 어른이라는 것들이 세상 물정 잘 모르는 이들을 잘 안내해 주어도 모자랄 판에 빈틈이 보였다 하면 벗겨 먹으려 들기 때문이다. 수많은 전세 사기, 깡통 전세 같은 사건들을 보면 피해자는 대부분 사회 초년생이나 젊은 신혼부부들이다.

당한 자를 탓하는
이상한 사회

한 번 속으면 속인 놈이 잘못이지만 두 번 속으면 속은 놈이 잘못한 것이라 한다. 한 번이건 두 번이건 속이는 놈이 잘못하는 것인데 말이다. 속이는 놈에게는 관대하고 속는 피해자를 비난한다. 수많은 사기 사건을 보면 알 수 있다. 사기꾼들이 받는 처벌을 보면 허무할 정도로 약하다. 2024년 일명 '건축왕' 사건에 대한 판결이 있었다. 665세대에 536억 원의 피해가 발생한 사건이다. 1심에서는 징역 15년이 선고되었고, 2심에서는 감형돼 징역 7년이 선고됐다. 공범들은 무죄를 받았다. 단순하게 계산하면 7년 감옥 가는 대가로 536억 원을 번 셈이니 연봉 76억 원인 셈이다. 법과 정의가 살아 있느냐 하는 탄식이 나올 수밖에 없다. 부동산만 그런 것일까? 아니다. 금융기관도 속은 놈이 바보인 경우가 많다.

일명 '홍콩 ELS 사태'를 보자. 신뢰의 상징인 '은행'에서 판매한 상품이었는데 알고 보니 매우 위험한 상품이었다. 결과적으로 50%의 손실률을 기록했고 은행 직원의 설명을 듣고 투자했던 고객들은 원금의 절반이 날아갔다.

ELS 상품은 구조가 복잡하다. 그럼에도 투자자들은 가입하면서 제대로 된 설명을 듣지 못했다. 은행들은 책임지지 않으려고 '거기 본인이 사인하신 거잖아요' 했고 말이다.

돈에는

이름표가 없다

주식이나 펀드에 투자하는 경우, 투자자가 초보라고 해서 봐주거나 그러지 않는다. 초보자든 유경험자든 상관없이 오르면 수익을 얻고 내리면 손실을 본다. 특히 주식이나 펀드 투자는 우리보다 훨씬 살벌한 경쟁자들과 상대해야 한다. ○○증권 같은 '기관투자자', 외국 국적의 투자자들인 '외국인 투자자'들에 비해 '개인투자자'인 나는 밀릴 수밖에 없다. 어리다고, 잘 모른다고 봐주는 것 없다.

부동산은 더 심하다. 오늘도 수많은 부동산 사무소 사장님들은 전세, 월세를 구하는 사회 초년생과 신혼부부를 대상으로 거짓말을 하고 있다. 집주인이 부자라서 나중에 전세금 돌려받는 거 문제없다거나, 혹시 문제 되면 자기가 다 책임지겠다고 한다. 막상 사건, 사고가 발생하면 발뺌할 것이 뻔한데도 말이다. '네가 잘 알아봤어야지!' 이 얼마나 무책임하고 상처를 주는 말인가. 부동산 수수료를 주는 것은 사고를 막기 위해 지불하는 것 아니던가.

돈 벌게 해준다는
수많은 거짓말

SNS를 보면 주식 정보를 줄 테니 댓글이나 DM을 남기라고 한다. 유튜브를 보면 돈 없어서 죽으려 하다가 우연히 ○○에 투자해서 지금은 건물주가 되었다면서 댓글을 남기라고 한다. 이런 곳에 댓글을 다는 것은 '나는 호구입니다. 나는 속을 준비가 되어 있습니다' 하는 인증이다. 한꺼번에 많은 돈을 벌게 해주는 방법을 당신이 알고 있다고 가정해보자. 그걸 '선한 영향력'을 발휘하여 다른 사람들에게 가르쳐주고 싶을까? 아마도 혼자만 몰래 알고 싶을 것이다. 얼굴도 모르는 사람들에게 가르쳐주고 싶지는 않을 것이다.

돈을 벌게 해준다는 사람들을 보면 화려한 옷과 자동차, 집을 보여주면서 자신이 알려주는 방법대로 하면 당신도 금방 부자가 될 수 있다고 유혹한다. 그렇게 해서 부자가 될 수 있다면 얼마나 아름다운 세상이겠는가. '당신도 지금 재테크 책으로 독자들 돈 벌게 해준다는 거 아니냐?' 날카롭게 지적할 독자들이 많으실 텐데, 맞는 말씀이다. 책을 읽으신 지 얼마 안 되셨을 텐데 벌써 교육의 효과가 드러나는 것 같아 보람 있다. 다만 이 책은 '이렇게 하면 큰돈을 벌 수 있다'고 하는 것이 아니라 '당신의 월급을 이렇게 하면 잘 관리할 수 있다'의 접근이라는 점에서 차이가 있다.

결국,

내가 잘 알아야 한다

영화 〈해바라기〉에서 주인공이 이야기한다. "사람이 죄를 지으면 벌을 받는 게 세상 이치라더라. 알아들었냐?" 그렇다. 죄를 지으면 벌을 받아야 한다. 그럼에도 우리나라는 죄에 대한 처벌이 약하다. 게다가 피해 복구 역시 쉽지 않다. 특히 재판을 통하는 경우라면 1심 판결만 해도 최소 6개월에서 1년 봐야 한다. 죄를 저지른 사람은 편하게 살고, 피해를 입은 사람만 고통받아야 한다. 죄를 저지르면 즉각 법의 처벌을 받고, 피해자들이 보상받는 정의로운 세상은 아직 아니다. 그렇게 되려면 아직 시간이 많이 필요하다.

세상이 좀 더 아름답게 변하기 전까지는 내가 알아서 조심할 수밖에 없다. 가장 조심해야 할 것은 '너무 좋은 것'들이다. 돈을 쉽게 벌 수 있다거나 조금만 넣으면 금방 큰돈으로 만들 수 있다는 식의 유혹에만 넘어가지 않으면 된다.

남는 _____ 것은
돈이더라

　냉정한 이야기다. 동화 속 이야기처럼 '사랑'만 있으면 무엇이든 가능하고, 세상이 아름답게 보일 것이라는 희망의 메시지를 전하고 싶지만 우리가 살고 있는 세상은 아쉽게도 그렇지 않다. 당신이 아무리 젊고 건강하고 매력 있더라도 결국 '돈'으로 평가받게 되어 있다.

젊을 땐

돈이 중요하지 않다

　아마도 이 책을 읽는 독자 중 많은 사람은 사회 초년생으로 매우 젊고 건강할 것이다. 따라서 돈은 지금의 당신에게는 중요하지 않다. 친구들과 모이는 자리에 초대받을 것이고, 학교 다닐 때 친하게 지내던 친구들과 연락을 주고받으면서 좋은 일과 슬픈 일을 나눌 것이다. 친구들의 결혼식에 초대받아 갈 것이고 말이다. 인생의 어느 순간까지는 돈이 중요하지 않다. 돈보다는 당신이 얼마나 친절한지, 지식이 많은지 등등 사람 자체의 매력이 더 중요하게 평가받는다.

　지금의 '젊은' 당신에게 친구들이 부자인지 아닌지는 크게 상관없을 것이다. 함께 모여서 우정을 다지고, 즐거운 시간을 보내면 그만이니까. 특히 직장에 근무하는 동안이라면 마찬가지로 돈은 중요하게 느껴지지 않을 것이다. 약간 딴 이야기를 하자면, 필자가 근무하던 회사는 아주 우연히도 부잣집 자제분들이 많았다. 나만 평범한 집 출신인 것 같았는데 그럼에도 차별 없이 나를 대해준 전 직장 선·후배님들이 감사할 따름이다. 그렇다. 당신이 직장에 근무하는 동안에는 돈으로 사람을 평가하고 앞으로 만날지를 결정하는 옳지 못한 행동을 하지는 않을 것이다. 부서장이 가난하다고 해서 업무 지시를 따르지 않겠다는 일은 없을 것이고 말이다.

점점
돈은 중요해진다

젊고 건강한 직장인 시절은 영원하지 않다. 어느 순간부터 실직의 두려움을 느끼게 될 것이다. 그때가 '돈'의 중요성을 온몸으로 느끼기 시작하는 순간이다. 40세 근처에 이르면 본인 스스로 조금씩 현실 세계를 느끼게 된다. 친구들은 결혼도 하고 출산도 해서 더 이상 퇴근 후 모임에 나오기 어렵게 되고, 동창회를 하거나 모임 있을 때 경제 사정이 안 좋아 참석하지 못하는 친구들이 생기게 된다. 직장 다니다가 실직당하는 친구들 소식도 듣게 된다. 경제 상황에 따라 우정이 유지될 수 있을지가 조금씩 결정된다. 친구 사귀는 기준도 조금 달라지게 된다. 젊을 때에는 나와 상대방의 마음이 맞는지가 중요한 기준이지만 일명 '어른'이 되면 나와 '돈'이 맞는지 여부가 중요해진다. 만나서 나에게 돈을 빌려달라는 친구라면 한두 번 만나다가 피하게 되고, 영업직에 근무하는 친구가 자꾸 나에게 뭘 팔고자 하는 게 느껴지면 또한 멀리하게 된다. 아무리 친했어도 피하게 된다. 반대로 뭔가 만나면 나에게 경제적으로 도움이 될 것 같은 사람과는 친하게 지내고 싶어지기 시작한다.

지금 당신 또래의 친구들은 아마도 인스타그램이나 SNS에 맛집 탐방, 멋진 해외여행 사진들을 올려 '좋아요'를 많이 받는 것이 인생의 업적일 것이다. 해외여행 사진을 올려서 '부럽다' 이런 반응을 얻으면서 뿌듯해 할 것이고 말이다. '오늘도 바쁜 나' 글을 남기면서 명품 가방이나 수입차 로고를 슬쩍 보이게 사진 찍는 것, 과연 그게 몇 살까지 갈까? 냉정히 생각해보도록 하자. 차라리 늦더라도 나중에 부동산 집문서(등기권리증)를 인증하면서 '대출에 허덕이는 나', '오늘도 대출금을 갚는 나' 이런 식으로 슬쩍 인증하는 것이 더 멋진 사진이 되지 않을까 싶다.

어쩌면 옳지 않을
옳으신 말씀들

돈이 인생의 전부가 아니고 돈으로 행복을 살 수 없다. 옳으신 말씀들이다. 젊은 당신에게는 맞는 말씀들이지만, 중년의 세계에서는 맞는 말씀이 아닐 수 있다. 어느 정도 세상에 물든 사람들은 옷 입은 차림새와 돈 냄새를 통해 사람을 판단한다. 앞으로 당신이 중년이 되었을 때까지 사람들의 이러한 모습은 크게 변하지 않을 것이다. 당신을 만났을 때 자신의 경제 상황에 도움이 될 수 있을지를 판단할 것이고, 당신을 통해 이익을 얻을 수 있을지 역시 판단할 것이다.

당신이 큰 부자가 되어 화려한 명품과 수입차, 좋은 집에서 살아야 한다는 것이 아니다. 적어도 당신에게서 '가난'의 냄새가 나지 않게만 하면 된다. 10년, 20년 지나 친구들을 만났을 때 '오늘은 내가 살게' 할 수 있을 정도면 되겠고, 동창 모임 있을 때 참석할 수 있을 정도면 된다.

지금의 당신에게는 젊음과 무한한 가능성이라는 재산이 있다. 문제는 이와 같은 재산은 시간이 지날수록 조금씩 닳아 없어진다는 것. 닳아 없어지는 만큼 통장을 채워나가면서 당신의 가치를 유지할 수 있기를 바랄 뿐이다. 필자 이야기를 해보자면, 처음 책을 내던 32세의 우용표 작가는 한 달이면 책을 쓸 수 있었고, 책을 쓸 때엔 계속 머릿속에서 누가 원고 내용을 불러주는 듯했다. '글빨'이 영원히 이어질 것 같았다. 지금의 필자는 그렇지 않다. 필자 역시 닳아 없어지는 글빨을 채우지 못해 후회가 많다. 부디 당신들은 필자와 같은 후회 없으시면 좋겠다.

다이어트, _____ 몰라서
못하는 것 _____ 아니다

다이어트, 어떻게 하면 성공할 수 있는지 모르는 사람은 없다. 독자분들도 다 잘 아실 것이다. 다이어트는 몰라서 못하는 것이 아닌 안 해서 못하는 것 아닌가 싶다. 재테크도 이와 비슷하다. 몰라서 못하는 경우는 별로 없다. 다이어트와 마찬가지로 안 해서 못한다. 대부분의 경우 재테크를 제대로 하지 못하는 몇 가지 핑계를 정리해보았다. 혹시 나도 여기에 해당되는지 살펴보시기 바란다.

지금 상태도
나쁘지 않다

재테크와 다이어트는 지금 당장 시작하지 않아도 된다. 내일 해도 되고 다음 달이나 내년 초에 시작해도 된다. 운동 하루 안 한다고 해서 갑자기 몸이 안 좋아진다거나 재테크 한 달 쉰다고 경제 사정이 나빠진다거나 하지 않는다. 굳이 지금 해야 할 이유도 없다고 생각되기도 한다. 언젠가 시간이 많아지면, 자금의 여유가 생기면 그때 해도 늦지 않을 것 같다. 당장 급하게 할 필요가 없어 보이는 것이 다이어트와 재테크를 안 하게 되는 이유가 된다.

　운동 하루 안 하고, 재테크 다음 달에 해도 내 생활에는 큰 영향이 없다. 오히려 더 급하게 처리할 일이나 돈 들어갈 일이 생긴다. 꾸준한 운동과 재테크는 중요도와 우선순위에서 더 급한 일들에 밀리게 된다. 여기에 더해 합리적인 게으름에 대한 청구서가 즉시 도착하는 것도 아니다. 중년이 되어 슬슬 노후를 걱정해야 하는 시기에 '그동안 돈 안 모으신 당신의 결과는 이렇습니다'라는 내용의 청구서를 받게 된다.

　주유소에 가서 우리가 사는 것은 '이동'이다. 기름이 아니라는 뜻이다. 차에 기름 넣는 과정 자체가 즐겁다거나 재미가 있는 것도 아니다. 운동을 할 때 무거운 기구를 들었다 났다 하는 것 자체 역시 재미가 넘치는 것은 아니다. 다만 그 과정을 통해 근력을 키우고 거울을 통해 더 멋져진 내 모습을 보는 즐거움을 위해서 한다. 재테크도 비슷하다.

　재테크를 통해 얻고자 하는 것은 숫자가 길게 찍힌 통장이 아니다. 그 통장을 통해 '선택'할 수 있는 즐거움을 얻고자 하는 것이다. 값이 더 비싸더라도 내가 좋아하는 음식을 먹고, 비용이 더 들더라도 내가 가고 싶은 곳으로 갈 수 있게 해준다. 재테크는 '선택할 수 있는 자유'를 위해 지금 얻을 수 있는 즐거움을 포기하는 과정이기도 하다. 몸짱들이 자신들의 시간을 희생해서 운동하고 좋은 몸을 얻듯, 재테크 역시 지금 돈 쓰고 싶은 마음을 참고 희생해야 '선택'할 수 있게 된다.

서두를 것
없다

뭐든 빨리빨리 처리해야 하는 한국 사람의 특성상 다이어트, 재테크에 있어 '지름길'을 찾아보는 경우가 많다. 다이어트, 피트니스 분야를 보면 기적의 약물이 있다. 바로 스테로이드다. 근육은 늘려주고 지방은 빼준다고 하니 성격 급한 분들이 좋아할 만하다. 문제는 잘못하다가는 큰일 난다는 것. 팔다리 근육뿐만 아니라 뱃속 내장, 심장도 비대해져 몸에 치명적인 무리가 온다. 목숨이 위험하다. 재테크에서도 성격 급한 사람을 위해 돈을 쉽게 벌게 해준다는 각종 유혹이 넘쳐난다. 책의 후반부에 이와 같은 유혹들을 어떻게 조심해야 하는지 따로 설명해놓았으니 당신은 당하지 않으시기 바란다.

요즘은 위고비, 삭센다 같은 비만 치료 신약 덕분에 더 이상 힘들게 운동하거나 관리하지 않아도 알아서 다이어트가 되는 세상이다. 필자가 이해를 돕기 위해 설명한 내용들이 틀릴 수도 있다. 그럼에도 전하고 싶던 내용은 충분히 이해하셨으리라 생각한다. 다이어트가 요령을 몰라서 못하는 것이 아니라, 하기 싫어서 안 하게 된다는 점과 마찬가지로 재테크 역시 요령을 몰라서 못하는 것이 아니라는 포인트를 이해하셨을 것이다. 재테크를 혹시 몰라서 못하고 있다면 걱정 마시라. 이 책이 바로 그 요령에 대한 내용이니까.

급여는 _____ 모든 것의 시작

사회생활을 시작한다는 것은 앞으로 살아가면서 쓰게 될 모든 돈을 당신이 벌어야 한다는 것을 의미한다. 급여가 넘쳐서 남으면 얼마나 좋을까 싶기는 하지만 우리나라 모든 사장님들은 직원들을 배 불려줄 만큼의 급여를 주지 않는다. 앞으로 내가 살아가면서 벌 수 있는 돈과 쓸 돈을 한번 비교해보도록 하자.

살아가면서 받을 수 있는 급여는 얼마일까?

사람의 앞일은 알 수 없기에, 앞으로 얼마를 벌 수 있을까? 하는 질문에는 '모른다'가 정답이다. 사두었던 주식이 많이 올라서 생각보다 재산이 일찍 늘어날 수도 있고, 기대하지 않았던 복권에 1등으로 당첨돼 '급하게 된 부자'의 반열에 오를 수도 있는 것 아니겠는가. 필자의 경우에도 이 책이 어느 정도로 판매되어 어느 정도의 인세 수입을 얻을 수 있을지는 전혀 모르는 상태라는 것 역시 고백해야 할 듯하다. 그렇다고 해서 재테크를 계획하는 데 있어 앞으로 얼마 벌지를 전혀 생각하지 않는다는 것도 이상한 일이다. 그래서 준비했다.

일반적인 경우, 즉 회사에서 급여만을 받을 때 어느 정도로 벌 수 있을까를 계산해본 것이다. 그리고 그 결과에 대해 분명 당신은 만족하게 될 것이다. 마이너스 아니면 다행인 급여에서 무슨 만족이냐고? 일단 숫자를 보신 다음에 판단하시기를 부탁드린다.

국세청 자료에 따르면 2022년 말 기준으로 전체 근로소득자는 2,053만 명이고 1인당 평균 연 급여는 4,123만 원이라고 한다. 30세에 첫 월급을 받고 60세까지 근무한다고 하면 총 12억 3,690만 원(연봉 4,123만 원 × 30년)을 급여로 받을 것으로 예상된다. 급여 수준이나 근무 기간에 따라 결과값은 달라질 수 있지만 남들 하는 만큼 따라가면 평생에 걸쳐 대략 12억~13억 원을 받게 된다. 받게 될 금액을 알아보았으니 이제 쓰게 될 금액도 살펴보자

앞으로 쓸 금액은

얼마일까?

눈을 들어 우리 주위에 산재해 계신 입사 선배님들이나 부장님들 또는 은퇴한 퇴직자들을 보면 '과연 저들이 10억 원 넘게 벌어왔던 사람의 모습인가?' 싶을 때가 많다. 왜일까? 답은 간단하다. 버는 만큼 쓰게 되니까 그렇게 된다.

앞으로 총 얼마를 쓰게 되는지 계산을 해보도록 하자. 물론 같은 짜장면이라도 어떤 곳에서는 홀에서 배달 안 시키고 먹으면 8,000원에 먹을 수 있고, 어떤 곳은 짜장면 한 그릇에 1만 원도 넘는 곳이 있다. 얼마를 쓰게 될지는 정확하게 예측하기가 어렵다. 당장 다음 달에 독자 여러분은 얼마를 쓸 것 같은가? 대답이 어려울 것인데 그

급여는 모든 것의 시작

와 마찬가지의 이유로 총 얼마를 쓰게 될지는 계산이 어렵기는 하다. 그래도 해보자.

통계청 자료에 따르면 2023년 가구당 평균 소비지출액은 월 279만 원(연간 3,346만 원)이라 한다. 이를 바탕으로 단순 계산 해보면 30세 기준으로 80세까지 산다고 가정했을 때 앞으로 50년간 내가 소비할 금액은 16억 7,300만 원(연간 3,346만 원 × 50년)이 된다.

여기서 비극이 시작된다. 내가 벌어들일 예상 수입은 13억 원이 안 되는데 내가 쓸 금액은 17억 원에 가깝기 때문이다. 대략 4억 원의 금액, 50년으로 나누면 1년에 800만 원씩 마이너스인데, 이 돈을 어디에선가 보충해야 한다.

급여 Up

또는 소비 Down

해결책이 있기는 하다. 급여를 올리거나 소비를 줄이는 방법이 있고, 둘 다 하는 방법도 있다. 어느 것 하나 쉽지 않다. 급여를 올리자니 내 의지로 쉽게 되는 것이 아니고, 소비를 줄이자니 삶의 질이 너무 떨어지면 안 될 것 같다. 심지어 둘 다 하는 것은 불가능에 가깝게 느껴진다.

또 다른 방법이 바로 '급여 관리'다. 급여의 일정 부분을 투자해 마이너스될 일이 없도록 하는 것. 앞서 말씀드렸던 바와 같이, 주유소 방문이 즐거운 것은 아니다. 기름을 넣어야 차가 굴러가니까 가는 것뿐이다. 급여 관리 역시 그러하다. 지금 당장의 즐거움을 포기하는 것은 고통스럽기까지 하지만 인생은 계속 굴러가야 하니까, 나중에 나이 들어서 초라해지면 안 되니까 하는 것이다.

재테크의 시작은 급여다. 우리 부모님이 아주 부자라서 재테크가 필요 없다면 모르지만 그렇지 않다면 내가 받는 급여로 입고 먹고 마시고, 집도 마련해야 한다. 이 급여가 헛되이 날아가지 않도록 꽉 붙잡아서 불리는 것이 급여 관리인 셈이다.

필자가 좋아하는 블랙핑크의 '마지막처럼'이라는 노래에 "넌 한 줌의 모래 같아, 잡힐 듯 잡히지 않아" 하는 부분이 있다. 좋아하는 사람을 볼 때의 감정을 나타낸 가사일 텐데 급여에 대해서도 비슷하다. 정말 잡히지 않는다. 굳은 결심을 하지 않는 이상 급여의 일부분을 떼어 어딘가 투자한다는 것은 결코 쉽지 않은 일이다. 이 책을 읽으면서 '꼭 투자하리라' 하는 결심을 하셨다면 그 결심이 잘 유지되시기를 응원한다.

이제 ＿＿＿＿ 결혼과
출산은 ＿＿＿＿ 사치품

　1992년에 게리 베커(Gary Becker)라는 미국 경제학자가 노벨경제
학상을 받았다. 그가 주장한 것 중 하나는 우리 사회에도 시사점이
많다. 그에 따르면 모든 인간은 경제학적 관점, 즉 이익과 비용의 관
점에서 행동하며 이는 가족 역시 예외가 아니라는 입장이다.

　가족은 비용과 시간을 사용해서 음식, 주거, 건강, 노후 대비 등
생존에 필요한 것을 준비하는 공장과도 같다. 자녀는 가족이라는 공
장의 생산품이기 때문에 몇 명의 자녀를 가질지, 자녀에게 얼마를
투자할 것인지의 문제는 모두 철저히 '가성비'를 따질 수밖에 없다고
한다. 여기에 더해 그는 결혼과 이혼 역시 하나의 상품으로 인식된다
고 주장한다. 즉, 결혼을 할지 말지, 배우자와 이혼할지를 결정할 때
역시 가성비를 따지게 된다는 뜻이다.

결혼은 남녀
모두에게 손해

　현재의 결혼제도는 남녀 모두에게 경제적 손해를 가져다준다. 사
랑이라는 감정을 배제하고 냉정하게 숫자만 따져보면 그러하다. 아직

까지 많은 경우 남성은 주택 마련을 위해 본인의 저축분에 더해 부모의 도움까지 받아야 한다. 만일 이혼을 하게 된다면 남성이 마련한 주택에 대해 재산분할을 한다. 남성 입장에서는 결혼을 할 때 본인뿐 아니라 부모의 전 재산에 가까운 주택비용이 반으로 감소할 리스크를 부담해야 한다.

여성에게도 결혼은 손해다. 여성의 사회 진출이 법적으로 보장되어 있다 하더라도 결혼해 아이를 키우는 여성에게 사회의 벽은 아직 높다. 아이가 아파서 병원에 데려가야 한다면 남편과 아내 중에 누구에게 그 역할을 요구할까? 아직 사회적 분위기는 아내에게 요구하고 있다. 출산과 양육에 있어 여전히 여성은 남성처럼 100% 자신의 모든 시간을 일에 투자하고 야근할 수 있는 여건이 아니다. 직장에서 승진하고 능력을 인정받기 위해서는 결혼한 여성보다 미혼인 여성에게 더 유리한 조건이다. 여성에게 결혼은 '경력 단절'과 연결된다. 출산 직후부터 보이지 않는 퇴사 압박을 받을 수도 있고, 취업 또는 재취업에 불이익을 겪을 수도 있다.

결론적으로 결혼은, 남성에게는 '재산분할 리스크', 여성에게는 '경력 단절 리스크'를 부담해야 하는 위험한 선택이 된다.

사랑만으로는 부족한
결혼과 출산

남성은 이제 결혼하고자 한다면 수도권에 자가는 아니더라도 전세로 집을 얻을 수 있을 정도는 준비해놓아야 한다. 여성의 경우에는 경력 단절을 각오하고 결혼해야 한다. 집값이 닿을 수 없을 정도로 높은 현재 상황을 고려해보면, 어느 정도 중산층 이상의 아들이어야 가능하다. 여성 역시 앞으로 직장 생활을 안 해도 본인과 부모가 부담이 없을 정도의 중산층 이상의 딸이어야 가능하다. 그렇다. 사랑 하나 믿고, '미래의 가능성' 하나 보고 결혼하던 시절은 이미 저 멀리 사라져버린 것이다. 적어도 남성의 직업이 의사, 변호사, 회계사 같은 전문직이어야 결혼시장에 문을 두드려볼 수 있다. 여성은 경제적으로 뒷받침되어서 출산한 다음 양육과 자녀 교육에 '올인'할 수 있을 정도가 되어야 한다. 필자 역시 청첩장을 받으면 '요새 결혼하다니 부잣집이군' 감탄한다.

재테크 측면에서는
비혼이 최고의 선택

재테크만 놓고 보면 결혼, 출산, 양육은 리스크 높은 투자다. 무엇 하나 무료 제공되는 항목이 아니기 때문이다. 가연결혼정보에서 발표한 2024 결혼 비용 리포트를 보면, 신혼집 포함 총 결혼 비용은 3억 원 정도이고 집값 2억 4,000만 원을 제외하면 순수한 결혼식 비용은 6,300만 원이라고 한다. 결혼은 1회성이니 그렇다고 해도 출산 이후 양육 비용은 자녀가 대학교를 졸업하고 사회에 진출할 때까지 계속 이어진다. 독자분들 역시 사회생활을 시작하기 직전까지 상황은 비슷했을 것이다.

암울한 것은 이 모든 비용을 감수하면서 키운 자녀가 과연 올바르고 훌륭하게 성장하는가는 또 다른 문제라는 점. 어떤 집의 아이는 방치해도 알아서 바르게 잘 크고 공부도 잘하는데 또 어떤 집의 아

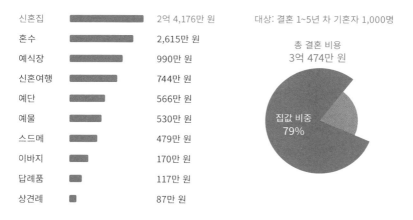

이는 열심히 교육하고 신경 써도 문제아로 성장하는 경우도 있다. 내가 키운 자녀가 좋은 자녀가 될 것인지는 랜덤이다.

가성비와 투자 효과만 생각한다면, 결혼을 하지 않고 평생 비혼으로 지내는 것이 재테크에서 가장 현명한 선택이다. 결혼·출산·양육 비용이 필요 없어 목돈 나갈 일이 없기 때문이다. 주거 비용 역시 줄일 수 있다. 혼자 사는 1인 가구는 집 크기가 클 필요 없기 때문에 상대적으로 주거 비용이 저렴할 수 있다.

그래도 결혼은

해야 하지 않을까?

어르신들은 말씀하신다. 그래도 결혼을 해야 생활도 안정되고, 나중에 나이 들어서 외롭지도 않을 것이라고. 과연 결혼을 하면 그렇

이제 결혼과 출산은 사치품

게 될 수 있을까? 결혼해서 불행해지고, 더욱 외로움을 느끼는 사람이 없다면 어르신들의 말씀이 맞다 할 수 있겠으나 우리는 이미 수많은 선배들의 실패 경험을 통해 알고 있다. 그래서 필자의 주장은 이렇다. 혼자 사는 것이 가장 마음 편하고 재테크에도 좋은 방법이다.

하지 말라면 더 하고 싶은 것이 인간의 심리 아니던가. 혹시 결혼을 생각한다면 아래의 질문에 대답할 수 있으면 된다.

질문 ① 내 재산의 반을 주거나, 커리어를 희생할 만한 상대인가?
질문 ② 만일 그렇다면 나는 내가 행복하기 위해서가 아니라 상대방을 행복하게 해주기 위해 결혼하고 싶은 것인가?

소비 _____ vs _____ 낭비
그리고 _____ 투자

일반적인 재테크 서적들은 '부자'라는 단어를 강조한다. 강남 부자들이 어쩌고저쩌고, 빌딩 부자들은 어쩌고저쩌고한다. 일단 열등감이 느껴지고 움츠러들게 한다. 그리고 그 책들은 공통적으로 우리도 그렇게 되기 위해 돈을 어떻게 굴려야 하는지 친절하게 알려준다. 부동산, 보험, 주식, 펀드 등 갖가지 수단을 통해 '부자'가 될 수 있음을 설득하는 것이다. 그런데 이 과정에서 의도적이건 의도적이지 않건 빠진 것이 있으니 바로 '소비'에 대한 것이다. 그들은 이야기한다. "너의 상황은 잘 모르겠지만 일단 무조건 아껴서 투자하라."

소비와 낭비,
얼마나 다를까?

소비와 낭비, 끝 글자가 '비'로 끝나는 이 두 단어는 어떻게 다른가. 아마 우리나라 인구수만큼이나 많은 구분을 지을 수 있을 것이다. 누군가에게는 명품 가방 값이, 또 다른 누군가에겐 취미 생활이 이해되지 않을 것이다. 그래서 본인의 입장에서 다른 사람의 지출에 대해 소비다, 낭비다 규정 짓는 것은 너무나도 상대적이다. 그리고 틀리기도 하다. 그래서 무언가 기준이 필요할 텐데 그 기준을 다음과 같이 잡아보고자 한다.

1 소비: 100을 지출했을 때 100의 가치를 얻을 수 있는 것

만일 100의 값어치를 하는 제품에 대해 100을 주고 산다면 그것은 소비라 할 수 있다. 간단히 말해 제값 주고 사는 것인데, 여기서 중요한 점을 발견할 수 있다. 만일 50의 값어치인데 100을 준다면 그것은 무엇인가? 그것은 바가지를 쓴 것이라 할 수 있다. 당신은 호구 또는 '호갱(호구+고객의 합성어로, 바가지를 뒤집어쓰는 고객을 비하해서 가리키는 말)' 취급을 받은 것이고. 그런데 같은 제품인데 매장에서는 100만 원이고 인터넷에서는 50만 원이라 한다면 인터넷으로 사는 것이 돈을 아끼는 현명한 소비다.

우리가 알아둬야 할 중요한 포인트는 바로 소비라는 것은 100을 지출했을 때 100의 가치를 얻는다는 점이다. 100의 가치를 얻을 것으로 예상하고 소비를 했는데 200의 값어치를 해주면 소비이면서 동시에 투자한 것으로 생각할 수 있다.

2 낭비: 100을 지출했을 때 100보다 못한 가치를 얻게 되는 것

100의 값을 지불했으나 100만큼의 값어치를 하지 못하는 것을 거래할 때 해당된다. 100만 원짜리 상품을 샀으면 100만 원어치 기쁨이나 즐거움을 얻을 수 있어야 하는데 그렇지 못한 경우가 많은 것이다.

눈을 감고, 지금까지 구매한 물건들을 살펴보자. 그 모든 물품들이 제 값어치를 하고 있는가? 만일 제 값어치를 다하고 있는 상품들이라면 소비를 한 것이라 할 수 있다. 그러나 제 값어치를 못하는 상품들이라면 낭비라 할 수 있겠다.

복권의 경우를 예로 들어보자. 일요일이 지나 6개의 공이 1등 당첨자를 가려내면 내가 산 복권의 값어치가 결정된다. 그리고 그 복권값으로 지불한 금액이 복권값보다 높을 수 있는 경우는 확률적으로 대단히 낮다. 그래도 우리네 사람들은 1주일간 '복권에 당첨되면 직장 때려치고 말 거야, 나를 괴롭힌 상사에게 시원하게 욕 한 바가지 해준 다음!'이라는 희망을 가지고 살아가는 것 아니겠는가. 낭비도 이런 낭비가 없다.

그렇다면
투자는?

투자? 간단하다. 100을 넣어서 나중에 100 이상을 얻고자 하는 것이 투자다. 주식/펀드/부동산에 100을 넣어서 나중에 120이나 150을 얻는 것이 투자다. 수많은 재테크 서적들이 이야기하는 '부자 되기', '1억 모으기'가 지금 당장 돈 쓰고 싶은 마음을 억누르고 투자를 잘해서 나중에 더 큰 목돈을 손에 쥐라는 조언들 아닌가.

투자는 간단하다. 내가 지불하는 것보다 더 많은 것을 얻고자 할 때를 가리킨다고 보면 된다. 그런데 여기서 한 가지가 궁금해진다. 왜 나중에 돈이 더 많아질 것을 알면서도 사람들은 투자를 하지 않는 것인가에 대한 의문말이다. 그 이유는 각기 사람마다 또한 다른데, 어떤 사람은 '미래는 무슨 미래야'라는 사람도 있고, '투자할 돈이 없어서 그런다'는 사람도 있다. 투자를 하느냐 하지 않느냐에 대해 옳고 그름의 구분은 없다. 선택의 문제라 할 수 있는데, 어떤 사람은 나중에 벌어들일 돈보다는 지금 당장 돈 쓰는 것을 선택하는 것이고, 또 어떤 사람은 나중에 벌어들일 돈을 위해 지금의 즐거움과 소비를 억제하는 선택을 하는 것이다. 그리고 그 선택의 결과는 지금 당장이 아니라 시간이 지남에 따라 나타나게 되는데 사실 이것이 가장 무서운 결과이기는 하다.

<u>소비, 낭비, 투자의 구분</u>
소비 100의 값을 주고 100의 값어치를 얻는 것
낭비 100의 값을 주고 100 미만의 값어치를 얻는 것
투자 100의 값을 주고 100 초과의 값어치를 얻는 것

소비와 낭비를 구분하는 관점에서 보자면 제값 주고 필요한 값어치를 얻고 있다면 소비를 잘 한 것이다. 반대의 경우는 잠시 반성을 하고 앞으로 안 그러면 되고 말이다. SNS에 맛집, 해외여행 사진을 올리는 것은 소비일까, 낭비일까 아니면 투자일까 ? 정답은 없다. 당신이 나중에 먹방이나 해외여행 유튜버가 된다면 맛집, 해외여행은 투자가 될 것이다. 패션 유튜버라면 비싼 옷 구매는 투자일 것이고 말이다. 이와 같은 기준으로 내가 이번 달에 지출한 아이템들이 어디에 속하는지 각자 판단하실 수 있을 것이다. 동시에 이 책의 구매가 당신에게 좋은 투자가 되기를 바란다.

PART 02

워크 관리

월급부터 _____ 점검해보자

급여에는 월급, 주급, 일급 등 다양한 형태가 있지만 대한민국의 직장인은 대부분 월급을 받으니 월급을 기본으로 상정하자. 당연한 말이지만 월급을 관리하려면 월급이 얼마나 들어오고 얼마가 나가는지를 알고 있어야 한다. 여기에 약간의 개념을 추가적으로 탑재해 매월 얼마나 월급의 잔액, 즉 통장에 얼마 있는가를 알아두면 더 바랄 것이 없다.

그런데 지금 통장에 얼마 있냐? 이렇게 물으면 정확히 대답하기 힘들다(필자에게도 쉽지 않다). 그리고 통장의 잔액을 확인한다 해도 진정한 통장 잔액은 얼마인지 모른다. 왜냐고? 이번 달 신용카드로 얼마가 나갈지도 계산해봐야 하고 정기적인 지출이 있다면 그것까지 포함해서 계산해야 하는데, 이러한 작업을 하기에는 우리의 뇌가 너무 피곤해진다. 참고로 뇌는 숨만 쉴 때도 전체 에너지의 20%를 사용하는 엄청난 칼로리 소비처이기도 하다. 월급을 계산하다보면 피곤해지는 이유이기도 하다.

　지금 독자분들의 통장엔 얼마간의 잔액이 있을 것이다. 잔액이 있다면 그것만으로도 축복받은 것이다. 다른 사람들은 마이너스 통장을 사용하거나 대출이자 갚느라고 힘든 삶을 살아가고 있는 것에 비해서 행복한 편이다.

　내 통장에 남아 있는 잔액이 온전히 나의 것인가를 생각해보자. 급여통장에 잔액이 200만 원쯤 있다고 했을 때 (적은 편이 아니다) 신용카드 결제 예정액이 200만 원이라면 그 통장의 주인은 내가 아니다. 단지 명의만 내 것이고 주인은 신용카드 회사다. 통장 잔액이 200만 원인데, 신용카드 사용액이 200만 원이고 은행 대출이자가 50만 원이라면? 50만 원어치 빚진 것이다. 이번 달에 월급이 들어오니까 금방 갚을 수 있다고? 계산상으로는 그렇다. 그런데 50만 원이라는 빚이 있을 때 다음 달에 50만 원의 빚은 기본값으로 나가는 것이고, 다음 달에도 어김없이 신용카드 회사는 결재해달라 할 것이고, 은행은 "50만 원은 저번 달이고 이번 달도 50만 원입니다"라 한다. 빚 갚다가 인생 끝날 수도 있다.

　당신의 현재 통장 잔액은 얼마인가. 그리고 그 통장의 잔액 중에서 당신이 온전하게 소유권을 확보한 금액은 얼마인가? 이것저것 빠져나갈 돈을 계산해봐도 조금 남는다고? 축하드린다. 그 금액만큼은 당신 것이다. 이제 그 금액을 늘려나가도록 하자.

다음 달에도

월급이 들어올 수 있을까?

필자에게 그런 시절이 있었다. 회사 다니면서 마음껏 끌리는 대로 물건을 마구 사던 시절. 철없고 부끄러운 시절이다. 부족한 신용카드 결제분은 다음 달 혹은 보너스 달에 갚는 것으로 '리볼빙서비스'를 받기도 해봤다.

한 달 열심히 일해서 신용카드 회사 좋은 일만 시켜주던 7년이었다. 직장 생활하면서 필자 역시 미래에 대한 걱정과 고민은 없었다. '다음 달이 보너스 달이니까', '올해 연말에 성과급이 나온다 하니까'라는 마법의 주문을 외면서 살아왔던 것이다.

그런데 이 모든 상황은 회사를 나가면서 달라졌다. 밖은 추웠던 것이다. 왜 선배들이 항상 밖은 춥다고 하는지 알 것 같았다. 회사를 그만두었으니 들어오는 돈은 없음에도 신용카드 회사들은 논리적이고 합리적으로 야박한 멘트를 날린다. '고객님 금월 연체분이 ×××원이오니 확인 바랍니다'라는 식이었다. 당신이 회사를 다니건 말건, 쓴 돈은 갚아야 할 것 아니냐는 아주 친절한 멘트들이시다.

지금 당신이 직장에 다니고 있다면, 이번 달도 다음 달에도 월급이 들어온다는 사실은 분명하다. 그런데 조금 긴 호흡에서 바라보면 그렇게 꾸준히 월급이 들어오는 기간이 얼마나 될까를 생각해봐야 한다. 우리의 통장이 온전히 우리의 것이라는 것도 오해이고, 다음 달에도 계속 월급이 들어온다는 것도 큰 오해다. 언젠가는 통장에 들어올 입금액은 없는데, 나가야 할 출금액은 확실히 있는 날이 있을지도 모른다는 것을 염두에 두어야 한다.

일단 월급이

남아야 한다

재테크를 하겠다는 결심을 했다면 가장 먼저 해야 할 일은 통장에 잔액이 남도록 하는 것이다. 통장에 잔액이 남도록 하는 것은 매우 어려운 작업이다. 신용카드 결제액, 대출 원금과 이자 등등을 모두 감당하고 나서도 잔액이 남아야 하기 때문이다. 우선 빚부터 줄여나가는 작업도 필요하다. 특히 신용카드 단기대출서비스(현금서비스) 또는 리볼빙서비스 등으로 연 10%를 넘는 이자를 내야 하는 대출이 있다면 투자보다는 대출부터 갚아야 한다. 재테크를 해서 얻을 수 있는 수익은 불확실성의 영역에 속하지만, 대출이자는 확실하기 때문이다.

지금 결정해보자. 그래서 당신은 한 달에 얼마를 투자할 수 있는가? 그 금액을 최우선 순위로 해서 투자처로 대피시켜놓고 나머지 금액으로 고정비용과 변동비용을 감당하는 것이 가장 좋다. 부디 당신의 통장에 항상 잔액이 강물처럼 흐르기를 바란다.

1차 _____ 목표는
3개월 치 _____ 월급

대부분의 회사에서는 대략 10월부터 다음 해 사업계획을 수립한
다. 사업계획의 놀라운 점은 위 단계로 보고될수록 금액이 늘어나고
점점 불가능의 영역으로 간다는 것. 나는 올해보다 대략 10% 성장한
계획안을 보고했는데, 사장님 책상에는 30% 성장으로 보고서가 올
라간다. 더욱 놀라운 점은 불가능해 보이는 사업계획이 어느 정도 달
성된다는 것. 이와 같은 기적을 나의 재테크에도 적용해보자.

우선 3개월 치 월급을

모으도록 하자

당신의 월급이 250만 원이라면 750만 원을, 300만 원이라면 900
만 원을 모으는 것을 목표로 해보자. 금액을 3개월 치 월급으로 정
한 이유는 실직과 이직의 리스크를 대비하기 위함이다.

직장을 잃더라도 급한 마음에 잘못된 선택을 하지 않도록 3개월
치 월급을 모아두고 본격적인 재테크를 시작하는 것이 좋다. 이유를
설명드렸으니 이제 남은 것은 방법일 텐데, 딱 정해드리자면 삼성자
산운용에서 출시한 미국 S&P500 ETF, 'KODEX미국S&P500(H)

ETF'에 매월 일정 금액을 넣으면 된다(ETF에 대한 기본적인 것은 144페이지부터 자세히 설명해놓았다. 지금은 ETF가 어떤 상품인지 몰라도 괜찮다).

144페이지부터

KODEX 미국 S&P500(H) 개요

출처: 삼성자산운용, https://www.samsungfund.com/etf/product/view.do?id=2ETFI3

예금이나 적금이 아닌 ETF 상품을 권하는 이유는 첫째, 예금이나 적금은 낮은 이자 때문에 중도에 쉽게 지쳐 포기하는 경우가 많아서다. 아무리 굳은 결심을 해도 잘 안 붙는 이자를 보면 '차라리 안 하는 게 속 편하다'라는 생각이 들 수밖에 없다. 반면 ETF를 하면 월급을 모으면서 투자도 함께한다는 심리적인 안정감을 느낄 수 있다. ETF 상품은 투자상품이기에 수익과 손실의 가능성이 동시에 존재한다. 투자 대상을 S&P500으로 한 것은 만일의 경우에도 폭락의 가능성이 그나마 낮기 때문이다. 개별 주식 종목을 선택하면 경제 상황, 시장 상황에 따라 가격이 급락할 수도 있지만 미국에서 잘나가는 500개 기업의 평균 성적에 투자한다면 위험성을 많이 줄일 수 있다. 혹시 미국 주식을 직접 사는 SPY ETF가 아닌 한국에서 만든 ETF를 고른 이유가 궁금할 수 있다. 단가 차이 때문이다. 미국에 직접 투자하는 SPY ETF는 1주당 600달러 내외다. 원화로는 1주에 80만 원이 넘는다. 반면 삼성에서 출시한 ETF는 개당 1만 4,000원 내외다. 투자 금액을 세분화할 수 있다는 장점이 있다.

목표 달성 기간을
예상해보자

당신의 급여를 300만 원이라 가정하면 목표 금액은 900만 원이다. 1차 목표 달성을 위해 한 달에 50만 원을 준비한다면, 수익이나 손실이 전혀 없다고 했을 때 18개월이 필요하다(900만 원 ÷ 50만 원 = 18개월). 즉, 1년 6개월이면 1차 목표는 달성할 수 있다. 급여가 200만 원, 400만 원인 경우도 계산해보면 급여 200만 원의 경우 12개월, 급여 400만 원이면 24개월이면 된다. 대략 1년 6개월에서 2년 정도면 가능하다. 투자 결과가 좋으면 목표 달성 기간은 줄어들 것이고 말이다. 예를 들어 연평균 수익률 10%(참고: 과거 50년간 S&P500의 평균 수익률 11%)를 얻는다면 200만 원 급여자 33만 원, 300만 원 급여자 74만 원, 400만 원 급여자 133만 원의 수익을 추가로 각각 얻을 수 있다.

앞서 책의 도입부에서 말씀드렸던 것처럼 '이거 하시면 됩니다'라는 차원에서 상품명을 특정해서 설명드렸다. '혹시 작가 양반 PPL 협찬 받았나?' 싶으실 텐데, 전혀 그렇지 않다. 해당 상품의 판매를 통해 필자가 얻는 경제적 이익은 전혀 없다.

신용카드와 _____ 마통이
당신을 _____ 죽이는 과정

소비와 낭비의 아슬아슬한 경계선에 대해서는 이미 잘 알고 있으리라 본다. 그런데 소비와 낭비의 공통점이 있으니 바로 신용카드로 기분 좋게 결제가 가능하다는 사실이다. 바꿔 말해보자면, 우리가 '투자'라고 부르는 것들은 이상하게도 신용카드로 결제가 되지 않는다. 은행의 예·적금이나 증권사의 펀드, 보험사의 보험은 신용카드로 결제가 안 된다.

예를 들어 신용카드로 매월 적금 100만 원 결제, 이렇게 해놓으면 통장을 나누거나 하는 고민이 없게 될 것이다. 신용카드 사용액이 곧바로 투자액이 될 것이니 말이다. 국민연금도 월급을 받을 때 알아서 떼어가는 '원천징수'가 아니라 신용카드로 결제할 수 있다면 참 좋을 텐데, 아직 그렇게는 안 되고 있다.

신용카드 잘 써서

부자 되는 사람 없다

신용카드를 잘 써서 할인 혜택도 많이 받고, 포인트 적립 많이 해서 부자 되는 사람은 없다. 반대로 신용카드 잘못 써서 고통받는 사람은 많다. 게다가 혜택처럼 보이지만 족쇄 같은 신용카드 서비스도 많다. 예를 들어 H사의 '긴급 적립 서비스'를 보면, 자동차를 구입하거나 사정이 급한 고객님을 위해 최대 50만 원까지 포인트와 캐시백을 미리 제공한다. 신용카드 사용 포인트를 쌓아 나중에 천천히 갚으면 되는 고마운 서비스라 할 수 있다. 계산기를 두들겨보자. 이 서비스를 통해 50만 원을 당겨서 쓰게 되면 한 달에 100만 원씩 꾸준히 22개월을 사용해야 한다. 해외 결제, 공과금이나 세금 등 포인트 적립이 안 되는 항목은 소비 금액에 포함 안 되고 말이다. 급한 마음에 50만 원 미리 쓰면 2년 가까이 신용카드 의무 사용 금액이라는 족쇄를 차야 한다.

적립 포인트 역시 인생에 큰 도움은 안 된다. 사용 금액의 일정 부분(대략 사용 금액의 1~2%)을 포인트로 적립해주고 현금처럼 사용할 수 있게 해준다는 것이다. 카드회사들의 안내문을 보면 포인트를 모아 영화도 보고, 예·적금이나 펀드 투자도 할 수 있다고 하던데 얼마나 도움이 될지는 모르겠다.

신용카드의 살인 무기,
리볼빙

리볼빙서비스란 '일부 결제금액 이월 약정'이라는 정식 명칭을 가진 서비스다. 간략하게 보면 신용카드 결제금액의 일부만 먼저 갚고, 나머지는 나중으로 미뤄서 결제할 수 있는 서비스다. 만일 리볼빙 비용을 10%로 한다면 카드값의 10%는 이번 달에, 나머지 90%는 다음 달 결제금액으로 넘어간다. 언뜻 보면 고마운 서비스이기도 하다.

항상 통장에 넉넉한 결제대금이 있기는 힘들기 때문에 가끔 결제금 액이 부족할 때 급한 것만 우선 처리하고 나머지는 뒤로 미뤄서 숨 통이 트이도록 해주기 때문이다. 문제는 '공짜가 아니라는 것'. 카드 회사들은 리볼빙 하는 금액에 대해 15~20% 정도의 이자를 붙인다. 현금서비스의 이자율이 연 18%정도임을 감안하면 다음 달에 갚아야 하는 금액에 대해 현금서비스(단기카드대출)를 받아 결제하는 것과 큰 차이가 없다.

리볼빙이 무서운 것은 이번 달에 리볼빙으로 결제금액을 감당해 야 하는 사람이 다음 달에는 넉넉하게 결제금액을 준비할 수 있는 경우가 많지 않다는 사실이다. 이번 달에 감당 안 되서 다음 달에 넘 긴 금액에 더해 다음 달에 또 결제해야 할 금액이 겹치게 된다는 것. 그 다음은 설명 안 해도 될 것 같다. 빚이 쌓이고 쌓일 수밖에 없다.

몰락 과정을 살펴보자. A씨는 매월 100만 원을 사용한다. 결제금 액이 부족해 결제 비율 10% 리볼빙서비스를 받는다면 숫자는 대략 이렇게 된다(리볼빙 수수료 20% 가정).

첫 번째 달엔 10만 원만 납입하면 신용카드 결제대금이 모두 해결 되는 것처럼 보일 수 있지만 세 번째 달을 보면, 당신은 244만 원의 현금서비스를 받은 것이 된다. 신용카드회사는 한도를 채울 때까지 친절하게, 아낌없이 현금서비스를 제공할 것이고 어느 순간 신용카드 한도까지 모두 현금서비스를 받은 자신을 발견하게 된다. 1,000만 원 을 현금서비스 받으면 연간 이자만 200만 원이다. 혹시라도 연체된 다면 그때 바로 신용카드회사는 숨겨왔던 발톱을 드러낸다. 법으로 정해진 연 20%라는 최고이자율은 '연체이자'에 대해서는 해당 사항

리볼빙서비스 이용 시뮬레이션

첫 번째 달 카드 사용 금액	두 번째 달 카드 사용 금액	세 번째 달 카드 사용 금액
100만 원	100만 원	100만 원
	이월된 금액 90만 원	이월된 금액 171만 원
리볼빙(10%) 금액 10만 원	리볼빙(10%) 금액 19만 원	리볼빙(10%) 금액 27만 1,000원
+	+ 수수료(연 20%) 1만 5,000원	+ 수수료(연 20%) 2만 9,000원
= 당월 납부 금액 10만 원	= 당월 납부 금액 20만 5,000원	= 당월 납부 금액 30만 원
이월 금액 90만 원	이월 금액 171만 원	이월 금액 243만 9,000원

출처: 카드고릴라, https://www.card-gorilla.com/contents/detail/2246?utm_source=CGpost&utm_medium=230622

이 없다. 신용카드회사 마음대로 20% 넘게 이자를 받아도 된다. 대략 25% 내외의 연체이자가 적용된다.

은행의 살인 무기,

마통

마이너스통장(마통) 역시 리볼빙서비스와 다르지 않다. 마통의 기본 개념은 정해진 대출한도 내에서 자유롭게 돈을 꺼내 쓸 수 있는 통장이다. 대출한도를 1,000만 원으로 정한 마통이라면 나의 예금 잔액 + 대출한도 1,000만 원까지 자유롭게 돈을 꺼내 쓸 수 있다. 즉, 나의 예금 잔액이 없더라도 1,000만 원이 예금되어 있는 것처럼 사용할 수 있다는 뜻이다. 심지어 이자율은 10% 미만인 경우가 대부분이라 신용카드 현금서비스의 20% 가까운 이자율에 비해 부담이 적게 느껴지기까지 한다. 문제는 조용히 목 죄어오는 복리이자와 연체금리다. 복리 방식은 원금에 이자가 붙고 다시 그게 원금이 되어 이자가 붙는다. 부담 적은 연 10%의 이자가 조용히 계속 붙는다. 심지어 '이자 내세요' 하는 말도 안 한다. 대출 범위 안에서 조용히 계속 이자가 붙는다. 연체금리와 연체가산이자율도 조용하다. 연체금리는 연 15%, 여기에 연 3%의 연체가산이자율이 붙으면 연체 금액에 대략 18%의 이자가 적용된다. 이자만 적용되면 그나마 다행인데 은행에서는 일명 '기한이익의 상실'이라 하여 '밀린 돈 다 갚으세요'라고 통보할 수도 있다.

지옥으로 가는 길은 선의로 포장돼 있다고 한다. 신용카드의 리볼빙서비스와 은행의 마통 역시 '결제 부담을 줄여드립니다' 하는 착한 상품들임에는 틀림없다. 이와 같은 서비스들이 당신에게 해를 끼치지 않도록 주의하는 것이 좋다. 리볼빙, 현금서비스, 마통. 이와 같은 단어들이 당신의 인생에 끼어들지 않기를 바란다.

탁월함은
꾸준함에서 _____ 나온다

재테크의 기본 원리는 매우 간단하다. 쓰는 것보다 버는 것이 많게 하는 것, 남은 돈으로 적당한 투자를 계속하는 것이다. '적당한 투자'의 방법은 주식이나 부동산일 수 있고, 코인이나 금 투자, 달러 투자일 수도 있다. 어떤 방법을 쓰느냐와는 별개로 재테크에서 가장 필요한 것은 바로 '꾸준함'이다. 꾸준함의 필요성에 대해 몇 가지 이야기를 전해드리고자 한다.

복리와

시간의 힘

네이버 지식백과에서는 복리에 대해 "저축과 투자를 통한 재테크와 관련하여 빼놓을 수 없는 것이 복리의 위력이다. 복리란 중복된다는 뜻의 한자어 복(復)과 이자를 의미하는 리(利)가 합쳐진 단어로서 말 그대로 이자에 이자가 붙는다는 뜻이다"라 하고 있다. 같은 것을 챗GPT에 물어보니 "복리는 단순히 투자수단 중 하나가 아니라, 돈이 '스스로 일하게' 만들어 재테크의 본질을 실현하는 도구입니다"라고 한다.

내가 투자한 원금에 이자와 수익이 붙으면 그게 다시 원금이 되어 거기에 이자와 수익이 붙는 것. 이것이 복리가 가진 힘이다. 글자로 이야기하면 와닿기 힘들 것 같아서 그림을 그려보면 이렇다.

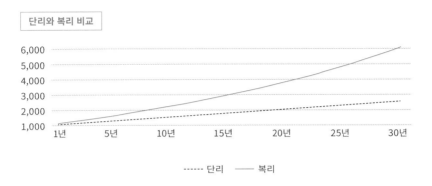

단리와 복리 비교

------ 단리   —— 복리

50만 원을 연 5%의 수익으로 꾸준히 투자한다고 했을 때 30년간의 흐름을 단리와 복리로 표현하면 이와 같다. 아래의 점선은 연 5%의 단리, 위의 실선은 연 5%의 복리인데 시간이 지날수록 점점 격차가 벌어진다. 단리는 납입된 원금에 대해서만 5%가 붙지만 복리는 납입된 원금+이자가 다시 원금이 되어 수익이 붙기 때문이다. 같은 금액, 같은 수익률이라도 차이가 발생하는 것을 알 수 있다. 시간이 지남에 따라 격차가 벌어지는데, 이를 참고해 가성비와 효과가 가장 좋으려면 '시간'이 길어야 한다는 점을 알 수 있다. 화살을 쏠 때 미세한 차이가 있다면 시작 지점에서는 큰 차이 없지만 도착 지점에서 10점과 0점이 나뉘듯 재테크에 있어서도 시작이 조금 빠르다면 지금은 비슷해 보여도 나중에 분명히 큰 차이를 확인할 수 있을 것이다.

이 책을 통해 계속 반복하겠지만 투자 결과는 정직하다. 많은 돈을 넣으면 많은 수익을 얻는 것이고, 적은 돈을 넣으면 같은 수익률이라 하더라도 절대적인 금액은 적을 수밖에 없다. 욕심 내서 투자하면 어쩌다 운 좋게 높은 수익을 거둘 수는 있겠지만 앞으로도 계속 그렇게 되리라는 보장은 없다.

복리의 법칙으로 투자의 결실을 얻기 위해서는 꾸준한 기다림과 수익을 소비하지 않고 다시 원금으로 놓아두는 절제력이 필요함을 참고하시기 바란다. 행동으로 옮기기가 참으로 어렵다. 어찌하겠는가. 복리의 법칙은 우리에게 성실성과 인내력을 요구하니 말이다.

꾸준함이
진짜 어려운 것

일찍 시작해야 하는 것도, 아껴서 많이 하면 좋다는 것도 알고 계실 것이다. 머리에 지식을 채우는 것은 쉽지만 실제 행동하는 것은 어렵다. 더 어려운 것은 꾸준히 하는 것. 거의 불가능에 가깝다. 한두 번 해보다가 포기하거나 다른 더 중요한 곳에 돈을 쓸 일이 생기는 일이 많아서 그렇다.

전혀 다른 이야기를 해보자. 인기 유튜버들을 보면 공통적으로 꾸준히 하다 보면 알고리즘의 축복을 받는다고들 한다. 조회수에 많든 적든 상관없이 꾸준히 하다 보면 축복을 받아 조회수도 늘고 구독자도 늘어난다는 이야기다. 대부분의 유튜버들이 몇 번 영상을 올리다가 잘 안 된다 싶으면 포기하는데 그러면 안 된다고도 한다. 재테크도 이와 비슷하다. 처음 재테크를 하면 그럴듯한 계획을 세우는데 몇 번 해보다가 굳은 결심이 흐지부지된다.

꾸준하게 하는 것이 가장 어렵다. 꾸준히 주식을 사 모으는 것이 어렵고, 펀드에 돈을 넣는 것이 어렵다. 혹시라도 시장이 좋아서 수익이 나면 몰라도 시장이 나빠져서 수익이 줄어든다거나 손실을 보면 '다시는 안 한다'는 더 굳은 결심을 하기도 한다.

필자는 당신에게 어떤 것을 하면 좋을지, 어떤 것이 당신에게 도움이 될지 말씀드릴 수는 있지만 어떻게 하면 당신이 꾸준함을 유지할 수 있을지는 말씀드릴 만한 지식이 없다.

우리보다 훨씬 뛰어나고 유명한 인물들이 이야기한 것을 옮겨드린다. 당신에게 도움되기 바란다(아래의 문장은 필자가 독서하다가 좋은 문장이라 생각해 옮겨 적었던 내용이다. 꾸준함에 대한 더 좋은 격언들은 네이버, 챗GPT, 유튜브에 더 많이 있으니 찾아보고 도움받으시기를 권한다).

탁월함은 습관에 달려 있다.

– 아리스토텔레스·Aristotle(그리스 철학자)

어떤 일을 해내는 가장 효과적인 방법은 그 일을 해내는 것이다.

– 아멜리아 에어하트·Amelia Mary Earhart(여성 최초로 대서양을 횡단한 미국 비행사)

미래를 예측하는 가장 좋은 방법은 그 미래를 창조하는 것이다.

– 피터 드러커·Peter Ferdinand Drucker(미국 경영학자)

욜로족, _____ 파이어족이
없어진 _____ 이유

한 번뿐인 인생, 제대로 살아보자는 YOLO(You Only Live Once · 욜로)족들과 미리 은퇴자금을 모아서 일찍 은퇴하는 FIRE(Financial Independence 경제적 자립 + Retire Early 조기 은퇴 · 파이어)족이 점점 사라지고 있다. SNS에는 골프장에서 화려한 옷을 입고 골프 치는 모습이나 오마카세를 즐기는 모습 또는 호텔에서 호캉스를 즐기는 모습들이 줄어들고 있다. 멋지게 사표를 던졌던 파이어족들은 부지런히 취업 정보를 알아보고 있다.

욜로 열풍의
끝자락

욜로는 그 자체로는 다른 사람에게 비난받을 이유가 없다. 누구나 자신의 인생을 최대한 멋지고 즐겁게 살고 싶어 하는 것이고, 욜로족은 실제로 그 목표를 실천하며 살아가는 사람들이기 때문이다. 문제는 마치 내일이 없는 사람처럼 소비를 했다는 것. 여기에 더해 남들의 좋아요를 받기 위해 무리를 했다는 것. 해외여행, 골프, 오마카세, 풀빌라 호캉스가 마치 욜로인 것처럼 곡해된 것이 문제의 시작이다. 인스타그램의 특성이 그러하지 않던가. 친구들이 하는 모든 것을 나도 하지 않으면 마치 나는 가난한 사람 같고, 수준 떨어져서 친구들이 나를 상대해주지 않을 듯한 불안감이 생긴다. 조금 무리를 해서라도 화려하고 비싼 소비생활을 하는 것이 제대로 즐기는 욜로라는 오해를 불러일으켰다.

화려함의 끝에는 즐거움이 아닌 신용카드 결제 청구서가 남아 있다. '즐거우셨죠? 이제 돈을 내셔야 합니다'라는 청구서는 욜로의 삶이 결코 대가 없이 즐기는 것이 아니라는 점을 일깨워줬다.

2022년 시작된 인플레이션과 금리인상은 경제 여건을 급격하게 냉각시켰다. 2024년 말 현재 상황을 보면 자영업자들의 폐업과 보험 해약 건수가 늘어나고 있고 대한민국은 경제불황으로 고통받고 있다. 악화된 경제 상황으로 인해 소비 규모는 줄어들 수밖에 없고 이는 욜로족에게도 마찬가지다.

탈출은 지능순이라고 하는데 맞다. 욜로의 허무함을 먼저 깨달은 사람들은 이제 욜로가 아닌 YONO(You Only Need One·요노, 네가 필요한 건 이거 하나뿐이야)족으로 바뀌고 있다. 욜로와 달리 요노는 꼭 필요한 것만 최소한으로 소비한다.

패션 트렌드가 시간에 따라 변화하듯 라이프스타일 역시 욜로에서 요노로 바뀌고 있다. 요노족의 등장은 경기 불황이 주요 원인이지만 앞으로 경기가 다시 좋아진다 해도 계속 트렌드로 남아 있으면 좋겠다. 누군가 당신에게 왜 명품, 해외여행 등등이 없냐고 물으면 자신 있게 요노족이라 그렇다고 이야기하시면 된다.

파이어족,

이른 은퇴는 오히려 마이너스

파이어족은 노후에 필요한 자금을 일찍 마련해 출퇴근이나 업무 스트레스 없이 안락한 노후를 보내고자 하는 사람들을 가리킨다. 굳이 일을 하지 않아도 되는 경제적 자유를 즐기면서 사회생활을 하면서 얻게 되는 스트레스도 피할 수 있는, 모두가 꿈꾸는 삶이라 할 수 있다. 욜로와 유사하게 파이어족 역시 사람들의 관심에서 멀어지고 있다.

가장 큰 이유는 역시 경제 상황 때문이다. 노후까지 든든하게 사용할 수 있는 돈을 마련한 줄 알았는데 물가상승으로 자금이 부족해지거나 부동산 가격 상승으로 주거비가 예상보다 많이 높아지는 경우 때문이다.

또 다른 이유도 있다. 노후를 맞이하기 전에 은퇴를 하면 만날 친구도 없고 할 일도 없게 된다. 40세에 은퇴했다고 해보자. 나는 은퇴해서 평일 오후 시간이 많지만 내 또래들은 그 시간에 직장에서 일을 한다. 주말엔 각자 집에서 가족들과 있어야 하기에 친구들을 만나기 힘들다. 여유롭게 늦은 오후 한가하게 카페에서 커피를 마시는 것도 하루 이틀이지 2~3년 계속 그렇게 지낼 수는 없다.

먹고살 돈을 마련하기 위해 굳이 힘들게 직장 생활을 하지 않아도 되는 삶은 분명 스트레스 없는 축복된 삶이지만 한편으로 보면 넘치는 시간을 어떻게 활용해야 할지 준비가 안 되어 있다면 외로움과 무료함이라는 숨겨진 장애물을 만날 수도 있다.

"노세 노세 젊어서 노세, 늙어지면 못 노나니~."

학교 다닐 때 친구가 항상 흥얼거렸다. 필자가 늙어져 보니 맞기도
하고 틀리기도 하다. 나이 들면 노는 것도 힘들어진다. 노는 것은 젊
고 건강할 때 실컷 해보는 것이 좋다. 그런데 말입니다. 나이 들면 더
재미있게 놀 줄 알게 된다. 요령과 경험이 붙어서 그렇다. 이 책의 독
자분들은 지금이 아닌 나중에 나이 들어서 더 재미있게 노시기 바란
다. 나이 들어 노는 것은 돈이 더 많이 든다. 그 노는 비용을 충분히
감당할 수 있게 되시기를 함께 바란다.

노후 _____ 준비에
돈 쓸 것 _____ 없다

"너는 이미 죽어 있다." 필자가 어릴 적 좋아했던 〈북두신권〉에 나오는 나름 대로의 명대사다. 직장인의 가장 큰 고민 중 하나인 노후 대비에 대해 만화책의 명대사를 약간 응용해서 이야기해보자면 "너는 이미 노후 준비되어 있다"라 말할 수 있다. 보통 금융회사들의 노후 관련 안내를 보면 무시무시하게 겁을 줘서 지금 당장 뭘 하지 않으면 나중에 은퇴해서 헐벗고 굶주릴지도 모른다는 식으로 이야기한다. 사실 그렇지는 않다. 이미 나라에서는 기본적인 시스템을 통해 최소한의 생활을 준비시켜주고 있기 때문이다. 노후 준비에 당신이 너무 크게 신경 쓸 필요 없다는 좋은 소식을 전해드리고자 한다.

필요한 노후 자금의
평균 규모

국민연금연구원이 2023년에 발표한 자료에 따르면, 주관적으로 느끼는 매월 필요한 최소 노후 생활비는 개인 기준으로 124만 원, 부부는 199만 원이고, 적정 노후 생활비는 개인 177만 원, 부부 277만 원이라고 한다. 은퇴 기간이 20년이라 했을 때 최소 생활비만 기준으로 해도 개인으로는 2억 9,832만 원(월 124만 원 × 20년), 부부는 4억 7,688만 원(199만 원 × 20년)이 필요하다.

특별한 사건, 사고가 없다면 60세 은퇴, 80세까지 생존, 이렇게 20년을 노후로 보낸다고 했을 때 최소 생활비만 고려해도 3억 원에서 5억 원 정도가 필요하다.

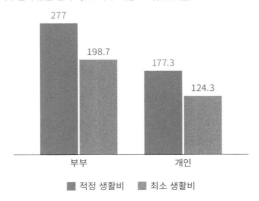

노후 생활비 매달 얼마 필요할까

단위: 만 원
대상: 50대 이상 가구원이 있는 전국 4,024가구 대상 조사(2021년)

부부 | 개인
적정 생활비 / 최소 생활비

출처: 국민연금연구원 '제9차(2021년도) 중고령자의 경제생활 및 노후 준비 실태', 중앙일보
https://www.joongang.co.kr/article/25130661

'아니, 작가 양반, 방금 전까지 이미 준비되고 있다면서?' 하면서 속은 기분이 들지도 모르겠다. 진정하시고, 이어지는 설명을 들어보시기 바란다. 3억 원에서 5억 원의 금액! 듣기만 해도 너무 부담되는 금액이다. 지금 당장도 월급이 넉넉하지 않은데 이 큰돈을 어떻게 마련해야 하나 고민될 수밖에 없는 것은 물론이다. 불행 중 다행인 소식이 있으니 이러한 거금은 지금 당장 마련할 필요가 없다는 것이다.

아직 노후는 먼 미래의 일이기 때문이다. 우리에겐 조금씩 조금씩 준비할 긴 시간이 준비되어 있다. 또 하나의 좋은 소식은 한꺼번에 준비하지 않아도 된다는 것이다. 어느 날 갑자기 은퇴나 퇴직을 하면서 "자, 2억 없으면 넌 무조건 가난하게 살게 될 것이야. 밥도 제대로 먹을 수 없을 것이야." 이런 게 아니라는 것.

노후 자금은

조용히 쌓이고 있다

국민연금이 2020년 말에 발표한 자료에 의하면 가입 기간별 평균 금액을 분석한 결과 가입한 수급자 전체 평균은 54만 원, 20년 이상 가입한 경우에는 93만 원, 30년 이상 가입한 수급자는 137만 원의 연금을 받는다고 한다. 이 금액을 기준으로 우리는 최소 50만 원은 확보한 셈이고, 국민연금은 60세까지 납부해야 하는 것이니 지금 만 30세 이하라면 30년 납부 자격은 이미 획득했다. 30년 이상이라 했을 때 137만 원이 확보된 것이니 앞서 보셨던 부부 기준 최소 생활비 월 199만 원에서 62만 원쯤 부족한 금액이 된다. 그렇다. 직장을 다니며 꼬박꼬박 월급을 받는 우리는 이미 최소 생활비에 근접한 금액을 우리도 모르게 준비하고 있다.

여기서 끝이 아니다. 아직 우리에게는 기본적인 연금이 하나 더 남아 있다. 바로 퇴직연금이다. 고용노동부가 발표한 2020년 말 기준 퇴직연금 적립금 운용 현황 자료에 의하면 2020년에 퇴직연금 수령액 평균 금액은 1억 8,998만 원으로 대략 1억 9,000만 원 정도라고 한다. 이것을 20년에 나누어 받는다고 가정하면 한 달에 80만 원 정

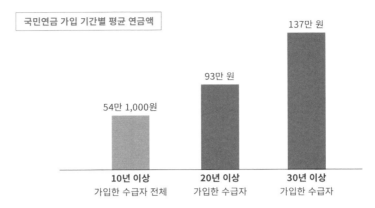

국민연금 가입 기간별 평균 연금액

137만 원

93만 원

54만 1,000원

10년 이상
가입한 수급자 전체

20년 이상
가입한 수급자

30년 이상
가입한 수급자

출처: 국민연금공단 블로그, https://blog.naver.com/pro_nps/222277456976

도. 단순 계산해보면 이렇다. 국민연금 137만 원 + 퇴직연금 80만 원 하면 벌써 217만원. 이 정도면 부부 기준의 최소 생활비 199만 원은 넘게 준비한 셈이고 부부 적정 생활비 277만 원에서 60만 원 부족할 뿐이다. 아까 3억, 5억 이야기에는 막막했을 텐데, 차근차근 계산해보면 우리는 이미 노후에 필요한 금액을 잘 모으고 있었던 셈이다. 그렇다. 당신은 이미 노후 준비되어 있다.

기억하시는가? 결혼 안 하는 것이 재테크에 유리하다는 것. 마찬가지로 노후 준비에 있어서도 혼자 살면 유리하다. 개인의 적정 생활비가 월 177만 원인데 국민연금과 퇴직연금으로 217만 원 받으니 오히려 돈이 남을 수도 있다. 혹시 이런 생각을 할 수도 있다. 물가가 올라서 화폐가치가 떨어지기 때문에 30년 후에 200만 원은 실제로는 반토막 정도의 가치를 가질 것이다. 예리한 지적이다. 국민연금을 위한 변명을 잠시 하자면, 연금은 물가를 어느 정도 따라가기 때문에 걱정은 잠시 잊으셔도 된다.

PART 03

주식

걸러야
할 _____ 주식

　일단, 주식은 안 하셨으면 좋겠다. 수많은 살벌한 투자자들이 당신의 소중한 월급을 호시탐탐 노리고 있기 때문이다. 게임을 하다 보면 초보자는 '뉴비'라 해서 슬쩍 좋은 아이템을 넣어주는 소매넣기를 하거나 옆에서 이것저것 도와주는 경우가 있는데 주식투자는 이와 정반대다. 투자에 대해 잘 모르거나 초보라고 해서 봐주지 않는다.

주식은
결혼과 같다

　결혼은 웬만하면 안 하는 것이 낫다는 필자의 주장, 앞서 확인하셨을 것이라 믿는다. 오늘도 수많은 부부들이 가정법원 앞에서 번호표 뽑고 서로를 지독하게 미워하며 이혼 도장을 찍지 않던가. 주식도 마찬가지다. 안 하는 것이 오히려 인생에 도움이 될 수도 있다. 세상에서 가장 좋은 주식일 줄 알았는데, 내가 열심히 찾아보고 선택한 주식인데 값이 계속 떨어지면서 나를 배신할 수 있도 있다. 무슨 호재가 있다 해 사두었는데 오히려 계속 떨어지는 경우도 많다. 이런 경우는 차라리 안 하느니만 못한 주식투자라 할 수 있다.

결론은 주식은 결혼과 같다는 것. 안 하는 것이 가장 좋지만 혹시라도 하고 싶다면 아주 신중하게 접근해야 한다. 주식도 그렇고 결혼도 그렇고 일정 부분 리스크가 있음을 미리 감안하는 것이 좋다.

걸러야 할

회사부터 알아보자

이러이러한 사람과는 겸상도 안 하겠다 하는 식으로 미팅이나 소개팅할 때 당신만의 철저한 기준이 있을 것이다. 그 기준에 따라 사람을 골라 만나면 실패할 확률이 줄어들 것이고 말이다. 주식투자도 이와 비슷하다. '어떤 회사에 투자할까?'를 판단할 때 '어떤 회사에 투자하면 안 될까?'를 미리 알아두면 좋다. 일단 믿고 걸러야 할 주식부터 확인해보자.

1 경영진이 주식을 처분하는 회사

신ㅇ젠이라는 회사가 있다. 항암 바이러스 물질인 '펙사벡'을 개발하는 회사인데, 2016년 12월에 코스닥에 상장하고 반년이 지난 2017년 하반기, 펙사벡의 임상3상 착수 소식과 함께 급등했다. 최고가는 2017년 11월 21일에 기록한 13만 1,000원. 상장 후 1개월이 지난 2017년 초 주가가 1만 3,000원 내외였음을 고려하면 10배 넘게 주가가 상승했다. 회사의 CEO는 2017년 12월 28일, 2018년 1월 2일과 1월 3일 등 3차례에 걸쳐 주당 8만 4,000원에 156만 주를 처분해 1,325억 원 가량을 챙겼다. 이후 용산의 고급주택을 65억 원에 매입했다. 여기까지는 문제될 것 없다. 주식가격이 올랐으니 팔아서 집도 사고 차도 사는 것은 자유니까. 참고로 이 회사의 임원들까지 신나게 주식을 팔아치웠다. 수치로는 292만 주에 2,500억 원 정도의 금액이다. 여기까지도 큰 문제는 없다. 주식을 가지고 있고 팔고 싶어지면 팔 수 있으니까. 문제는 임상3상의 결과가 '효과 없음'이었다는 것. 과연 임상시험 결과를 미리 알고 매도했는지, 정말 임상시험 결과와는 상관없이 주가 높을 때 매도 처분한 것인지는 아무도 모른다. 다만 이런 식으로 경영진이 주식을 처분하는 회사는 가급적이면 투자할 때 피하는 것이 좋다.

또 다른 사례도 있다. 카○오페이, 온 국민의 필수 앱 카카오톡의 자회사로 송금과 결제를 하는 핀테크 서비스 업체다. 이 회사는 기업공개를 통해 주식거래가 가능해진 날로부터 영업일 기준 12일 만에 대표이사 포함 경영진 8명이 보유한 주식을 전량 매도했다. 이렇게 얻은 이익은 450억 원쯤 된다고 하니 8명이 각각 60억 원씩 수익을 얻은 '카○오페이 먹튀 사건'의 해당 기업이기도 하다. 이 회사의 주가는 이 사건 이후 지속적인 하락세를 보였다. 주당 23만 원을 넘던 최고의 순간도 있었지만 현재는 그 시절의 1/10 정도 수준에서 허덕이는 모습을 보이는 상황이다. 경영진도 내다 파는 주식인데 과연 누가 그 회사 주식에 안심하고 투자할 수 있을까 싶다. 이런 회사는 금리와 상관없이 앞으로 계속 피하는 것이 좋아 보인다.

2 (아이돌 위주) 연예기획사

엔터테인먼트 회사는 일단 피하자. 특히 아이돌 가수 위주라면 더욱 피해야 한다. 회사의 매출이나 성과가 나빠서가 아니다. 변수가

걸러야 할 주식

너무 많다. 기본적으로 연예기획사의 주요 매출과 수익은 소속 연예인들의 활동에 따라 결정된다. 문제는 연예인들 역시 사람이라는 것. 기계가 아닌 인간이기에 일탈도 하게 되고 예상하지 못한 사회적 사건에 휘말릴 수도 있게 된다는 점이다.

멀쩡하게 영화 잘 찍은 흥행배우가 어느 날 제주도에서 음주운전으로 적발되기도 하고, 서울에서 아침까지 술 마시고 운전한 여배우도 있다. 심지어 어떤 걸 그룹은 "우리 오늘부터 기획사 소속 아닙니다"라고 선언하기도 했었다.

3 분할하는 회사

어떤 회사에서 잘 되는 아이템을 따로 떼어내서 새로 회사를 만드는 것을 '분할'이라고 한다. 분할에는 인적분할, 물적분할 이렇게 2종류가 있는데, 기존 회사의 주주들이 새로 만들어지는 회사에서도 주주의 지위를 가지느냐로 구분한다. 인적분할은 기존의 주주들이 새로 만들어지는 회사에서도 여전히 주주의 지위를 가진다. 그렇기에 주주들이 불만을 가질 이유는 별로 없다. 인적분할은 투자자들에게 큰 문제가 아니다. 반면 물적분할은 투자자와 주주들에게 심각한 문제가 된다. 새로 만들어지는 회사는 완전히 독립된 새로운 회사이기 때문이다. 기존의 주주들과 전혀 상관없어진다.

자동차에서 엔진을 빼면 그 자동차가 제값을 받을 수 있을까? 물적분할을 짧게 표현하자면 기존의 회사는 껍데기만 남고, 알맹이는 신설 기업으로 옮기는 것이라 할 수 있다. 알맹이가 빠진 기존 회사의 주식값이 오르기 힘들 수밖에 없다. 회사 오너에게만 좋은 일이

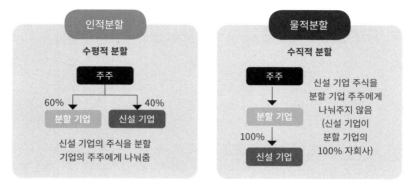

인적분할과 물적분할 개념

출처: 전국투자자교육협의회, https://www.kcie.or.kr/mobile/yeouitv/actualReport/web_view
?type=3&series_idx=&content_idx=1793

다. 대표적 사례가 LG화학이다. 전기자동차용 배터리 사업이 점점 성장하고 황금알을 낳을 것으로 기대되는 시점에서 물적분할을 발표하고 실행했다. 즉, 기존 LG화학에서 배터리 사업을 분리해 LG에너지솔루션이라는 회사를 따로 차린 것이다. 기존 LG화학 주주들에게는 날벼락같은 소식이었다. 2021년 100만 원이 넘기도 했던 LG화학 주식은 이후 지속 하락해 25만 원(24년 12월 23일 기준) 선에서 거래되고 있고, 분사된 LG에너지솔루션은 주당 35만 원(24년 12월 23일 기준) 선에 거래되고 있다.

한 번 배신한 사람은 또 배신한다. 기업도 크게 다르지 않다. 물적분할이 법적으로 금지되지 않는 이상 기업들은 잘 된다 싶은 아이템은 계속해서 분리시킬 것이다. 어떤 기업들이 이런 식의 물적분할을 했었는지 보도록 하자. 그렇다. 이왕이면 투자를 피해야 할 회사들 목록이라고 보면 된다.

걸러야 할 주식

시가총액 10조 원 이상 기업의 직접 물적분할 결정 사례

물적분할 결정 기업	분할 설립 회사	분할 연도
NAVER	N스토어, 네이버파이낸셜	2018 / 2019
SK이노베이션	SKIET	2019
LG화학	LG에너지솔루션	2020
SK텔레콤	티맵모빌리티	2020
LG전자	LG마그나 이파워트레인	2021
카카오	멜론컴퍼니	2021
SK이노베이션	SK온	2021
POSCO	포스코	2022

시가총액 기준: 물적분할 공시 당일 종가
출처: 한국거래소, 인더뉴스(2022년 1월 22일)

4 정치 테마주

테마주란 기업 자체의 실적이나 기술개발로 회사의 가치가 높아지기보다는 커다란 이슈에 의해 주식가격이 상승 또는 하락하는 경우를 가리킨다. 우리나라는 선거 때마다 유력 주자들과 관련된 회사들이 심하게 올랐다가 해당 정치인이 낙선하면 다시 원래 자리로 돌아오는 모습을 보인다.

내가 만일 대통령이 되었다. 그런데 A라는 회사의 대표가 나랑 같은 대학교를 나왔고 학교에서 몇 번 마주치고 그랬다고 한다면, 나는 오히려 그 대표를 멀리하지 않을까 싶다. 괜한 구설수에 오르면 안 되기 때문이다. 특혜 시비에 휩싸이기라도 한다면 안 되니까 오히려 선을 그을 텐데, 정치 테마주에 투자하는 사람들은 '그래도 같은 동문이면 뭘 좀 더 챙겨주겠지' 이런 생각을 하는 것 같다.

우리나라는 정치 테마주에 투자하기에는 변동성이 지나치게 크다. 웬만한 정치인들이 하루아침에 무너지는 경우가 많기 때문이다.

예를 들어보자. 인터엠이라는 회사가 있다. 산업용 음향기기를 제조하는 회사인데, 가끔 스피커나 앰프에 INTER_M이란 로고를 본 기억이 있을 것이다. 이 회사는 대표적인 '황교안 테마주'로 분류되었었다. 회사의 CEO가 과거 대통령 직무대행과 당 대표까지 했던 정치인 황교안과 같은 성균관대학교 출신이라는 이유로 관심을 받은 것이다.

정치인 황교안의 인기가 높았던 2017년 초에는 주당 8,000원을 넘었으나 이후 보수정당이 선거에서 실망스러운 결과를 보이자 주가 역시 하락세를 보이기도 했다. 2024년 12월 23일 현재 주당 1,058원에 거래되고 있다.

몇 가지 사례를 들어 걸러야 할 회사들을 정리해보았다. 사람들이 한국 주식시장(국장)을 탈출해서 미국 주식시장(미장)으로 들어가는 이유이기도 하다.

필자가 재테크 관련 세미나를 마치고 짐을 쌀 때면 수줍게 다가와서 자신이 보유한 주식이 지금 하락했는데 어떻게 하면 좋겠냐는 질문이 많다. 대부분의 경우 필자는 희망 고문하지 않는다. 가지고 계시면 다시 오를 것이라 하지 않고, 마음 아프시더라도 지금 것을 팔고 대신 오를만한 것으로 갈아타시라는 조언을 드린다. 혹시라도 필자를 나중에 오프라인으로 보게 되면 수줍어하실 것 없다. 나 나쁘거나 불친절한 사람 아니다. 질문을 비웃으며 '그것도 몰라요?' 하는 사람 아니다. 온라인·오프라인 가리지 않고 질문받으면 성심성의껏

답변드리도록 하겠다. 참고로 필자가 '잘 모르겠습니다' 하면 귀찮다거나 바빠서 그렇게 대답하는 게 아니다. 진짜 잘 몰라서 그렇게 대답하는 것이다. 마치 다이소에서 '거기 없으면 없어요' 하면 진짜 거기 없는 것과 같다.

주식의 기초 개념을 탑재해보자

주식 주식회사에 투자한 사람에게 발행하는, 일종의 소유 지분을 기록한
증서로서 주식을 소유한 주주는 기업의 이익을 배당금으로 지급받거나, 주식
매매를 통해 이익 또는 손실을 볼 수 있다. 기업의 주식을 산다는 것은 해당
기업의 주주가 된다는 것이고 무려 4가지의 권리를 가질 수 있게 된다.
(1) 이익배당청구권(기업의 이익을 나누어 가질 권리)
(2) 신주인수권(회사가 새로 주식을 추가 발행하는 경우 기존 주주들은 새롭게
발행되는 주식에 청약할 수 있다)
(3) 잔여재산분배청구권(기업이 청산할 경우 잔여재산을 받을 권리)
(4) 의결권(자신의 지분만큼 영향력을 행사할 권리)

매수(buy) 사는 것. 롱포지션(long position)이라 표현하는 경우도 있다.

매도(sell) 파는 것. 숏포지션(short position)이라고도 한다.

코스피(KOSPI) Korea Composite Stock Price Index, 한국종합주가지수.
증권시장에 상장된 기업의 주식 변동을 기준 시점과 비교 시점을 비교하여
작성한 지표다. 산출 방법은 1980년 1월 4일을 기준으로 하는데, 이날의
시가총액을 100으로 정해 비교하는 방식이다. 현재 코스피 지수가 2000이라면
1980년에 비해 주식시장의 시가총액이 20배로 커졌음을 의미한다.

코스닥(KOSDAQ) Korea Securities Dealers Automated Quotation.
전자거래 시스템으로 운영되는 비주류 주식거래 시장으로, 코스피가
메이저리그라면 코스닥은 마이너리그라 생각하면 된다. 중소 유망 기업들이
주로 거래된다. 코스닥 시가총액 1위 셀트리온은 코스피 대기업 못지않은 기업
규모를 가지고 있다.

외국인
외국의 개인투자자들과 기관투자자들을 통칭하는 말. 우리나라 주식시장은
외국인의 투자 실적과 수익률이 높아 그 움직임이 항상 주목받고 있다.

기관 우리나라의 금융기관. 기업 규모의 자금을 보유 중이고 펀드매니저 등 우수한 인적자원을 보유하고 있다. 성적은 외국인보다 아래에 있으며 개인투자자보다 위에 있다.

개인투자자 개인 자격의 투자자들로서 개미라고도 불린다. 우리 같은 일반 투자자들은 모두 개미라고 보면 된다. 기업 규모의 자금을 투자하는 개인투자자, 일명 슈퍼개미들도 가끔 있다.

상한가 하루에 상승할 수 있는 제한 폭. 30%가 상승 제한폭이다.

하한가 하루에 하락할 수 있는 제한 폭. 상한가와 마찬가지로 30%가 하락 제한폭이다.

손절(loss cut) 주식 가격이 하락하는 경우 추가적인 손실을 막기 위해 손실을 감수하고 매도 처분하는 것.

보합 매도세와 매수세가 비슷해 균형이 잡힌 상태. 주가의 변동 폭이 적은 상태를 가리키는데. 보통은 0.5% 이내에서 상승과 하락이 반복하면 보합세라 표현한다.

골든크로스(golden cross) 좋은 신호. 단기 이동평균선이 중·장기 이동평균선을 급속히 상향 돌파할 때. 기존보다 주가가 상승하는 경우가 많다.

데드크로스(dead cross) 나쁜 신호. 단기 이동평균선이 중·장기 이동평균선을 하향 돌파할 때. 가격 하락이 본격적으로 시작되는 시점으로 보는 경우가 많다.

양봉 주식시장에서 개장 시 주가보다 높은 수준에서 종가를 기록한 경우

음봉 양봉과 반대로 개장 시 주가보다 낮은 수준에서 종가를 기록한 경우

각종 주식 지표 줄임말을 풀어보자

주가수익비율(PER) Price Earning Ratio = 주가 ÷ 1주당 예상 순이익.
PER이 낮으면 주가가 저평가, PER가 높으면 고평가

주가순자산비율(PBR) Price-to-Book Ratio = 주가 ÷ 1주당 자산. 기업의
수익성만으로 주가를 판단하는 척도

총자산수익률(ROA) Return On Assets = (이익 ÷ 총자산) × 100. ROA가
높으면 자산 활용을 효과적으로 하는 좋은 회사라 본다.

자기자본이익률(ROE) Return On Equity = (당기순이익 ÷ 평균 자기자본)
× 100. ROE가 높을수록 자본을 효율적으로 운용하는 좋은 회사라 본다.

주당순이익(EPS) Earning Per Share = 당기순이익 ÷ 발행 주식 수.
기업이 1년간 주식 1주당 얼마의 순이익을 남겼는지 확인하는 지표. 순이익이
높을수록 즉, 수치가 높을수록 투자하기 좋은 기업

에비타(EBITDA) Earnings Before Interest, Taxes, Depreciation and
Amortization = 영업이익 + 감가상각비 등 비현금성 비용 + 제세금. 세전
기준 영업현금흐름을 나타낸다.

이브이(EV) Enterprise Value = 시가총액 + 순차입금(총차입금 - 현금 및
투자유가증권). 기업가치로서, 시가총액에 순차입금을 더한 것

이브이에비타(EV/EBITDA) = (시가총액 + 순차입금) ÷ (영업이익 +
감가상각비 등 비현금성비용 + 제세금). 기업이 현금을 창출해낼 수 있는
능력이 시가총액에 비해 얼마나 평가되고 있는가를 나타내는 지표

　　　　　　　　　　　　　　　　　　　　　　걸러야 할 주식

기본적 분석 vs 기술적 분석

기본적 분석과 기술적 분석은 경제학에서 미시경제학과 거시경제학의 개념과
유사하다. 어느 분석이 옳다 그르다의 문제가 아니라 어떤 관점에서 기업의
주가 수준을 판단하느냐의 접근 방법이기 때문이다.
우선 기본적 분석은 회계장부(재무제표)를 통해 회사의 가치를 판단한다.
이런 접근법의 중심에는 현재의 주식가격은 그 기업이 지닌 내재가치(정당한
가격)와 다를 수 있지만 결국에는 수렴하여 일치할 것이라는 기대가 있다.
A 회사의 회계장부상으로 따져본 주당 가치는 100만 원인데, 현재
주식가격이 50만 원에 머물고 있다면 언젠가 100만 원이 될 것이라는 기대를
해볼 수 있다.
이와 대조적으로 기술적 분석은 기업의 내재가치와는 별개로 주식의 가격,
거래량 같은 그래프를 이용해 주가의 흐름을 예측하는 방법이다. 각 기업의
주식가격에는 추세라는 것이 있는데, 이 추세를 파악할 수 있다면 기업의
현재 재무 상태와는 별개로 주가의 흐름을 예측할 수 있다는 접근이다.
즉, 기본적 분석이 회계장부를 통해 기업의 가치를 측정하는 방법을 중심에
두고 있는 것에 비해 기술적 분석은 차트를 보며 분석한다고 보면 된다.

주식투자
기본 _____ 원리

    주식투자는 쉽고도 어렵다. 좋은 주식을 사서 값이 올랐을 때 팔면 되는 매우 간단한 투자 방법이라는 점에서는 쉽지만, 바로 그 '좋은 주식'을 어떻게 골라야 하는지가 매우 어렵기 때문이다. 사회 초년생이라면 사회생활을 하기에도 벅찬데 좋은 주식을 꼼꼼히 따져보고 고르기는 더 어렵게 느껴질 수밖에 없다. 주식투자의 몇 가지 방법에 대해 어려운 설명은 생략하고 정리해보았다. 내공을 쌓으신 다음 상위 버전의 주식투자로 옮겨 가시기 바란다.

가치주 투자
쌀 때 사서 값이 오르기를 기다리는 방법

    A 회사의 회계장부를 보면 주당 10만 원은 가능할 것 같은데 지금 5만 원에 투자 가능하다면 가치주라 한다. 즉, 지금은 저평가되어 있지만 앞으로 '가치'를 인정받으면 제값을 받을 수 있는 주식이라는 뜻이다. 조금 더 깊이 들어가면 회계장부를 보면서 '제값은 10만 원이다'라는 판단을 할 수 있는 지식이 필요하다. 참고로 가치주는 대부분 '제조업'에 해당한다.

성장주 투자

비쌀 때 사서 더 비싸지기를 기다리는 방법

지금도 비싼데 앞으로 더 비싸질 것 같은 회사에 투자하는 방법이다. 주로 IT 기업들이 성장주에 해당하는 경우가 많다. 회계장부를 보면 별것 없는데 값만 비싸게 느껴지기도 하고, 과연 앞으로 성장을 할 수 있을지 불안하기도 하다. 가치주는 회계장부를 보면 대략 어느 정도 견적이 나오는데 성장주는 앞으로 크게 성장할지 아니면 아예 몰락할지 알 수가 없다.

엔비디아를 보자. AI의 등장으로 성능 좋은 그래픽카드의 수요가 늘어 급격하게 성장했다. 반면 수소 트럭 업체인 니콜라는 잘나가던 시절엔 제품 출시를 하기도 전에 주당 1,977달러를 넘어 미국 자동차 기업인 포드보다 시가총액이 높기도 했다. 지금은 주당 1.5달러 정도에 거래되고 있으니 1300분의 1로 토막 난 셈이다. 성장주라고 해서 무조건 성장하는 것은 아니다.

성장주 투자를 잘하려면 해당 회사의 매출과 이익이 늘어 가치가 더욱 성장할 만한 회사를 고르는 안목이 필요하다.

배당주 투자

은행 이자 같은 배당을 받는 투자 방법

주식을 산다는 것은 해당 회사의 주주가 된다는 것을 의미한다. 각 기업들은 1년간 장사를 하는 동안 주주들에게 '배당'이라는 이름으로 이익을 돌려준다. 장사 잘해서 이익이 많이 남으면 배당을 많이 하고 반대의 경우에는 배당이 없는 경우도 있다. 한국의 기업들이 배당에 인색한 것에 비해 미국 회사들은 배당에 적극적이다. 배당 횟수 역시 미국은 3개월 주기로 1년에 4번 실시하는 기업이 많다. 배당 맛집이 되면 투자하려는 수요가 늘어날 것이고 이에 따라 주가 자체도 상승할 수 있는 여력이 많이 생기기 때문이다. 배당주 투자는 배당을 잘해주는 회사를 고르는 것이 핵심이다.

참고로 가치주냐 성장주냐 하는 것은 주식투자자들이 각자의 기준으로 판단한다. 즉 A라는 회사에 대해 회사가 스스로 '저희는 가치주입니다'라고 하지 않는다. 투자자들이 '저 회사는 아직 저평가되고 있는 가치주다'라고 생각한다. 한국의 삼성이나 미국의 애플이 누군가에게는 가치주일 수 있고 또 다른 누군가에게는 성장주일 수 있다는 뜻이다.

주식투자 기본 원리

초보 땐 알고만 있자

주식값이 떨어져야 이익을 얻는 투자 방법, 공매도 투자
공매도 투자는 일반적인 주식투자의 공식과 정반대의 수익 구조를 가지고
있다. 즉, 보통의 경우 주식을 사서 가격이 올랐을 때 팔아 수익을 얻는 데
비해 공매도 투자는 우선 팔고 나서 나중에 주식을 사는 방법이기 때문이다.
순서가 정반대라서 처음에는 공매도 투자의 수익 원리를 이해하기가
까다롭다. 필자는 강의할 때 이해를 돕기 위해 중고 거래를 예시로 설명한다.
중고 거래 게시판에 중고로 ABC자전거를 10만 원에 팔겠다고 글을 올린다고
해보자. 거래 조건은 물건값은 오늘 받고, 물건은 1주일 후 당신 집 앞에서
직접 전달해주는 것으로 한다. 누군가 사겠다고 연락을 했고 당신은 물건값을
이미 받았다. 그런데 문제가 하나 있다. 당신에게는 ABC자전거가 없다는
것. 그렇다. 없는 자전거를 팔아서 당신은 돈을 받았다. 범죄가 되지 않기
위해서는 1주일 안에 팔아치운 것과 똑같은 자전거를 구해서 구매자가 당신
집 앞에 왔을 때 전달해야 한다. 만일 당신이 ABC자전거를 7만 원에 구해서
구매자에게 전달해준다면 당신에게는 3만 원의 이익이 생긴다. 물건값 10만
원 받았는데 7만 원에 물건을 구해서 판 셈이니 말이다. 반대로 자전거값이
갑자기 올라서 15만 원에 자전거를 사서 구매자에게 준다면? 당신은 5만 원
손해를 본다. 공매도가 바로 이러한 시스템이다.
공매도는 (가지고 있지는 않지만 채워 넣을 계획인 주식을) 우선 빌려서
판매한다. 이후 90일 안에 같은 회사의 주식을 사서 채워 넣는 투자 방식이다.
앞으로 가격이 떨어질 것 같은 주식을 미리 빌려서 팔고 나중에 가격이
떨어지면 더 싼값에 주식을 채워 넣는 방식이다.
공매도 투자는 주식시장 교란의 위험성이 크기 때문에 개인투자자들에게는
별로 권하지 않는 방식이기도 하다. 살벌한 고수들의 영역이니 내공을 충분히
쌓기 전까지는 '이런 게 있다' 정도만 알고 계시기 바란다.

한국 _____ 주식
사면 _____ 호구

결론부터 말씀드리자면, 당신이 마음속에 간직하고 있는 애국심과는 별개로 주식투자는 미국을 선택하는 것이 좋다. 특히 포트폴리오를 구성해서 여기저기 투자할 수 있는 여력이 부족한 경우라면 더욱 그러하다. 돈이 많아서 이것저것 분산시켜 투자할 수 있다면 한국 회사도 사고 미국 회사도 사면서 나름대로 위험관리를 할 수 있겠지만 우리는 그렇게 여유가 있지 않다. 내 소중한 돈을 더 효과적으로 불리고 싶다면 한국보다는 미국 회사가 더 낫다. 이유를 몇 가지 정리해보았다.

오너의 이익 vs
주주의 이익

어떤 기업이 장사가 잘돼서 주식값이 오른다고 해보자. 기업의 오너 입장에서는 분명히 기뻐해야 할 일이다. 문제는 한국 기업의 오너들에게는 주가 상승이 반가운 일이 아니라는 것. 나중에 2세, 3세들에게 회사를 물려줄 때 세금(상속세)이 많이 나오기 때문이다. 대표적인 사례가 게임업체 넥슨이다. 창업자가 사망하면서 남긴 재산이

10조 원 정도였는데, 유족들에게 부과된 상속세가 5조 3,000억 원에 달했다. 창업자의 재산 절반을 국가에서 가져간 셈이다. 한국 기업의 오너들 입장에서 주가 상승은 세금 부담 증가이기 때문에 굳이 열심히 노력해서 주가를 올릴 이유가 없다. 오히려 주가가 낮아야 오너들에게는 좋다. 반면 미국 회사는 경영자와 오너가 다른 경우가 대부분이라 주가 상승은 경영자들에게 '보너스를 지급'받는 좋은 기회다. 미국 회사의 경영자들 입장에서는 주가 상승이 자신의 이익과 연결된다.

한국 10대 그룹 순위 변화 현황

단위: 조 원

2020년 공정 자산		2010년	
삼성	424.8	삼성	192.9
현대자동차	234.7	현대자동차	100.8
SK	225.5	SK	87.5
LG	137.0	LG	78.9
롯데	121.5	롯데	67.3
포스코	80.3	포스코	52.9
한화	71.7	GS	43.1
GS	66.8	현대중공업	40.2
현대중공업	62.9	금호아시아나	34.9
농협	60.6	한진	30.4

※ 공정 자산 = 비금융사는 자산, 금융사는 자본과 자본금 중 큰 금액
출처: CEO스코어, 연합뉴스 https://www.yna.co.kr/view/AKR20200707175900003

미국 10대 기업 순위 변화 현황

	2020년 3월 말	2021년 3월 말	2022년 3월 말
1	마이크로소프트	애플	애플
2	애플	마이크로소프트	마이크로소프트
3	아마존	아마존	알파벳(구글)
4	알파벳(구글)	알파벳(구글)	아마존
5	알리바바	메타플랫폼스	테슬라
6	메타플랫폼스	테슬라	엔비디아
7	비자	알리바바	메타플랫폼스
8	존슨앤드존슨	TSMC	TSMC
9	월마트	제이피모간체이스	유나이티드헬스그룹
10	제이피모간체이스	비자	존슨앤드존슨

기준: 매년 3월 31일 종가
출처: Quantwise, 네이버 미식가 https://contents.premium.naver.com/usstock/
stockmarket/contents/220405105303464oN

뉴비 vs
고인물

한국의 기업들은 대부분 고인물이다. 한국의 10대 그룹 순위 변화를 보면 옛날이나 지금이나 새로울 것이 없다. 반면 미국은 순위의 변동이나 새롭게 진입하는 회사들이 많다. 10년 전에 테슬라, 엔비디아가 이렇게 성장할 줄 누가 알았겠는가. 고인물만 가득한 '늙은' 시

한국 주식 사면 호구

장과 뉴비가 계속 들어오는 '젊은' 시장을 비교해보면, 앞으로의 성장이나 잠재력을 쉽게 판단할 수 있을 것이다.

정치적

안정성

한국이나 미국이나 정치적으로 불안정하기는 마찬가지다. 한국은 대통령이 탄핵되기도 하고 미국은 범죄 혐의로 재판받다가 당선되기도 한다. 차이가 있다면 한국은 정권이 바뀌면 그에 따라 기업에 대한 규제가 강화 또는 완화된다는 것. 한국은 지금의 대통령이 기업의 규제를 풀어준다 해도 그다음 대통령이 다시 기업 규제를 강하게 할 수도 있다. 심지어 한국의 웬만한 대기업은 회장님들이 모두 한 번씩은 필수로 감옥에 다녀와야 하는 것 같기도 하다.

반면 미국은 정치인들끼리 아무리 치열하게 싸워도 기업의 운영에는 크게 영향이 없다. 기업의 이익을 대변하는 로비스트들이 열심히 활동한 결과일 수도 있을 것이다. 예측 가능성, 불확실성의 측면에서 보면 한국보다는 미국이 기업활동을 통해 이익을 얻을 가능성이 높다.

결과적으로 한국 주식을 사면 호구라는 말이 괜히 나오는 게 아니다. 주식투자 자체가 리스크 있는 투자인데 굳이 험난한 길을 택할 이유는 없다. 인생의 난이도를 높이고 싶다거나 불안감에 매일 밤잠을 설치고 싶다면 한국 기업들을 믿고 당신의 재산을 넣어보면 된다.

저평가된 _____ 선수 찾기,
가치주

    앞서 가치주, 성장주, 배당주에 대해 간략히 설명드렸다. 너무 간략한 듯싶어 자세하고 깊게 설명을 준비했다. 이 부분이 어렵다 싶으시면 그냥 페이지를 넘기셔도 된다. 운전할 때 자동차의 엔진과 변속기 등 기계적인 부분을 자세히 알지 못해도 상관없는 것과 같다. 아래의 설명은 잘 몰라도 주식투자하고 수익을 얻는 것에는 전혀 지장없다. 이상하게도 너무 많이 알수록 잃을 확률이 높아진다. 초보 운전자보다 오히려 어느 정도 경험 많은 운전자가 사고 날 확률이 높지 않던가. 주식투자는 영원히 초보 운전자의 마음으로 조심조심하는 것이 좋다.

가치주 투자
방법

    지금 주식의 가격이 원래 받을 수 있는 수준보다 낮다고 평가되는 종목을 고르는 것. 바로 가치주 투자의 핵심이라 할 수 있다. 그렇다면 우리가 알아야 할 것은 과연 어떤 종목들이 현재 저평가되어 있는가를 판단할 수 있는 기준이다. 정해진 기준이 없다면 일시적으로 종목의 가격이 상승했다가 하락했을 때 '지금 이 종목은 저평가되어 있다'라는 식으로 잘못된 판단을 할 수도 있기 때문이다.

가치주 평가

지표

종목을 보며 가치주인가 판단할 수 있는 지표는 대표적으로 5개가 있다. 자기자본이익률(ROE), 주당순이익(EPS), 주가수익비율(PER), 이브이에비타(EV/EBITDA), 주가순자산비율(PBR)이 가치주에 있어 판단할 수 있는 지표들이다.

1 자기자본이익률(ROE·Return On Equity, %)

어떤 자동차는 휘발유 1L를 넣으면 10km를 간다. 그리고 또 어떤 차는 20km를 간다. 기업의 자기자본이익률도 마찬가지다. 어떤 회사는 100만 원을 가지고 1만 원의 이익을 보는데 다른 회사는 같은 돈으로 10만 원을 만든다. 어떤 회사가 더 좋은 회사이고, 더 주식이 오를 회사일까? 당연히 더 적은 돈으로 더 많은 이익을 만들어내는 회사일 것이다.

자기자본이익률(ROE)은 각 회사의 연비를 계산하는 지표다. 각 회사마다 매출액의 규모가 다르고, 이익의 크기가 다르기 때문에 각 회사를 직접적으로 비교하기가 어렵다. 반면 ROE는 퍼센트로 나타나기 때문에 아주 손쉽게 각 회사의 연비 즉, 효율성을 파악할 수 있게 해주는 고마운 지표다. ROE를 구하는 방법은 간단하다. 내 돈(자기자본)으로 얼마나 이익(당기순이익)을 만들어냈는지를 구하면 된다. 자기자본이 1억 원이고 당기순이익이 1,000만 원이라면 ROE는 1,000만 원 ÷ 1억 원 × 100 = 10%가 된다.

이러한 ROE 지표는 내가 힘들게 구하지 않아도 주가 정보를 제공하는 웬만한 사이트에서 알아서 다 구해주고 비교해준다. 그래서 우리는 수치를 어떻게 구하는가를 알아봐야 할 필요는 거의 없다. 대신 어떻게 이해해야 하는가를 아는 것이 중요하다.

주의할 것이 있다. ROE는 주가가 높은지 낮은지를 판단하는 절대 기준은 아니라는 점이다. 연비가 좋은 자동차가 반드시 싸거나 비싸거나 한 것이 아니라 배기량, 브랜드이미지 등과 함께 가격이 책정되는 것과 마찬가지로 생각하면 된다. ROE는 '이 회사는 이 정도의 효율을 가지고 있다' 정도를 파악하는 기준으로 생각해야 한다.

ROE가 높으면 효율이 좋은 회사라는 점은 충분히 알게 되셨으리라 본다. 이번에는 그 효율을 무엇과 비교하면 좋을지 생각해볼 차례다. 우선 '은행 금리'와 비교해볼 필요가 있다. 어떤 회사의 ROE가 1%인데 은행 금리가 2%라면 그 회사는 영업을 하기보다는 차라리 은행에 돈을 넣어두는 것이 낫다. 만일 해당 기업의 회사채 금리는 5%인데 ROE가 2%라면 어떨까? 비싼 이자 주고 돈을 빌렸는데 이자만큼도 돈을 못 버는 회사라 볼 수 있다.

2 주당순이익(EPS·Earning Per Share, 원)

주당순이익(EPS)은 마치 〈반지의 제왕〉에 나오는 '절대반지'처럼 주식투자에서는 떠받들어지고 있는 지표다. 놀랍게도 구하는 방법도 간단하다. EPS = 당기순이익 ÷ 발행 주식 수다.

예를 들어보자. 10개의 주식으로 이루어진 회사가 있는데 당기순이익이 100만 원이라면 EPS는 100만 원(당기순이익) ÷ 10(주식 수)해서 10만 원이 된다. 여기까지는 쉬운 내용이다. 이제 어려운 내용이 시작되는데, 우리가 알아야 할 것은 EPS가 적정한지를 판단하는 방법이다.

EPS가 높다는 것은 당기순이익이 크거나 주식 수가 적거나 하는 경우다. 당기순이익은 기업의 영업활동에 따라 항상 변하는 것이고 주식 수는 웬만하면 늘거나 줄지 않는다. 즉, EPS가 높다는 것은 당기순이익이 높다는 뜻이다. 그레서 EPS가 증가하는 추세라면 그 회사는 계속 이익의 규모가 커지고 있는 것으로 생각하면 된다.

3 주가수익비율(PER·Price Earning Ratio, 배)

토익시험을 봤는데 점수가 900점이라면 그 점수는 높은 것일까 낮은 것일까? 정답은 '모른다'이다. 나 빼고 모든 사람이 990점을 받았다면 난 시험을 못 본 것이고, 나만 900점이고 다른 모든 사람이 500점이라면 정말 시험을 잘 본 것이기 때문이다.

주가수익비율(PER)도 이와 비슷하다. 나의 수치가 10이고 다른 회사들의 수치도 10정도라면 '평균'에 속하는 편이고 혹시 나의 수치는 20인데 다른 회사의 수치가 5정도라면 나의 PER 수치는 상당히 높은 것이다. 사전적 의미에서 PER이란 주가를 주당순이익으로 나눈 주가의 수익성 지표라고 한다. PER = 주가 ÷ 주당순이익이다.

예를 들어보면 A라는 회사의 주식이 1만 원이고 그 회사가 장사를 잘해서 1주당 순이익이 500원이라면 1만 원 ÷ 500원 = 20이 되어 그 회사의 PER은 20이 된다. 즉, 20년간 그 주식을 잘 가지고 있으면 주당순이익의 값과 주식값이 같아지게 된다는 뜻이 된다. 쉽게 말하면 주당순이익이 주식값만큼 쌓이는 원금 회수 기간이라 보면 된다.

A라는 회사의 PER은 20인데 B라는 회사는 주식값 1만 원이라는 같은 상황에서 주당이익이 1,000원이라면 PER은 1만 원 ÷ 1,000원 = 10이 되어 B 회사의 PER은 10이 된다. B 회사의 주식을 사두면 원금 회수 기간이 10년이면 된다는 이야기이다. 자, 당신이라면 A 회사와 B 회사, 어떤 회사에 투자를 하고 싶어질까? 당연히 원금 회수 기간이 짧은 B 회사를 선택하는 것이 옳다. 그래서 PER은 작으면 작을수록 이익을 많이 내는 아주 매력적인 회사로 인식된다. PER이 높다는 것은 회사가 벌어들이는 이익에 비해 주식값이 높다는 것을 의미한다. 일명 고평가라 할 수 있고 PER이 낮다는 것은 반대로 회사의 이익에 비해 주식값이 낮은 저평가 상태라 볼 수 있다. 대분의 경우 PER이 10 이하면 저평가되었다고 판단한다.

4 이브이에비타(EV/EBITDA · Enterprise Value/Earnings Before Interest, Tax, Depreciation, and Amortization, 배)

이브이에비타(EV/EBITDA)는 좀 용어가 어렵기는 하다. 익숙한 3글자 영어 약자도 아니고 EV를 EBITDA로 나눴다는 뜻이라서 EV도 알고 EBITDA도 알아야 하는 고충이 있다. 잊고 지내고 싶지만 증권사의 기업 분석 리포트 등 가치주를 평가하는 지표로 항상 등장하는 대표적인 지표이기도 하다.

저평가된 선수 찾기, 가치주

EV는 기업가치(Enterprise Value)를 뜻한다. 기업가치는 시가총액에서 장부에 기재된 부채를 더하고, 기업이 보유한 현금을 뺀 금액이다. EBITDA는 '이자, 세금, 감가상각비, 무형자산상각비 차감 전 이익(Earnings Before Interest, Tax, Depreciation, and Amortization)'의 약자다. 즉, EBITDA는 기업의 수익 중에서 비용으로 빼야 할 것은 모두 뺀 순수익이라 쉽게 이해하면 된다.

EV를 EBITDA로 나눈다는 것은 어떤 의미일까? 결론적으로는 낮을수록 좋다. 어떤 기업을 인수했을 때 예상되는 원금 회수 기간으로 볼 수 있기 때문이다. 즉, 낮으면 낮을수록 기업은 저평가되어 있다고 볼 수 있다. PER과 비슷하다. 주식을 사두면 투자금을 몇 년 안에 회수할 수 있느냐의 지표가 PER이듯, EV/EBITDA는 기업을 인수했을 때 투자금 회수에 필요한 기간을 나타내는 지표가 된다. 자세하게 들어가면 각 EV, EBITDA를 구할 때의 쟁점과 위험 요소를 다루어야 하지만 간단하게 개념만 잡는 상황에서는 '기업 인수 시 원금 회수 기간' 이렇게만 알아두면 된다.

5 주가순자산비율(PBR·Price Book-value Ratio, 배)

주가순자산비율(PBR)은 주가순자산배율이라 하기도 하는데, 의미는 주가를 주당순자산가치(BPS, Book-value Per Share)로 나눈 비율로, 주가와 1주당 순자산을 비교한 수치이다. 즉, 주가가 순자산(자본금과 자본잉여금, 이익잉여금의 합계)에 비해 1주당 몇 배로 거래되고 있는지를 측정하는 지표다. PBR은 장부상의 가치로, 회사 청산 시 주주가 배당받을 수 있는 자산의 가치를 의미한다. PBR이

1이라면 특정 시점의 주가와 기업의 1주당 순자산이 같은 경우이며 이 수치가 낮으면 낮을수록 해당 기업의 자산가치가 증시에서 저평가 되고 있다고 볼 수 있다. 즉, PBR이 1 미만이면 주가가 장부상 순자 산가치(청산가치)에도 못 미친다는 뜻이다. PBR = 주가 ÷ 주당순자 산.

예를 들어보자. 오늘 주가는 1만 원인데, 주당순자산 즉 1주당 청 산가치가 2만 원이라면 PBR은 1만 원 ÷ 2만 원 = 0.5가 된다. 즉, 순수한 주당순자산이 2만 원인데도 주식은 1만 원밖에 안 하는 것 이니 달리 표현해보자면 2만 원짜리 백화점 상품권이 1만 원으로 거 래되고 있는 것과 마찬가지다. 저평가 상태라 할 수 있다. 반대의 경 우도 있다. 주식값은 2만 원이고 주당순자산이 1만 원이라면 PBR은 1만 원 ÷ 2만 원으로 2가 된다. 1만 원의 가치가 있는 상품을 2만 원 주고 사게 된다는 것이니 비싸게 주고 사는 것이다. 저평가 판단 기준은 PBR 1이하인 경우라 할 수 있다.

가치주 투자
유의 사항

가치주 투자가 성장주 투자와 가장 구별되는 특징 중 하나는 '시점' 이라 할 수 있다. 성장주 투자는 현재보다는 미래의 수익을 더 중요 하게 보는 것에 비해 가치주 투자는 과거부터 현재까지의 실적, 회계 장부상의 실제 이익 창출 여부를 기준으로 하기 때문이다. 즉, 가치 주 투자자는 기업이 그동안 올린 이익이나 자산에 비추어 주가를 평 가한다. 만일 주가가 순이익이나 자산규모에 비해 현저히 낮다면 매

저평가된 선수 찾기, 가치주

입하는 것이 가치주 투자의 핵심이기도 하다. 이러한 가치주 투자에서 주의할 사항은 바로 기간이다. 가치주는 기본적으로 지금 당장은 제값을 못 받는 기업에 투자하는 것이라 할 수 있다. 문제는 언제 제값을 인정받을 수 있는가에 대한 것이다. 올해 말이 될 수도, 10년 후가 될 수도 있다. 특히 경제 상황이 좋은 시기에는 미래에 대한 낙관적 기대가 커져 가치주보다는 성장주에 투자가 늘어난다. 수익률 측면에서도 활황이면 성장주가, 불황이면 가치주가 높아지는 것은 이러한 배경을 가지고 있다. 과연 언제 내가 투자한 가치주가 인정받고 제값을 다 받을 수 있을까? 그 시기가 언제일지 모른다는 것. 가장 크고 중요한 유의 사항이 된다.

유망주 _____ 골라내기,
성장주

성장주 투자는 한마디로 말하면 '유망주 발굴'이라 할 수 있다. 지금은 아직 본격적인 실력을 발휘하고 있지 못하지만 앞으로 폭발적인 성장이 기대되는 주식에 투자하는 방법이기 때문이다. 마치 프로리그의 스카우트 담당자들이 중·고교리그를 돌아다니며 될성부른 재목을 발견하려는 것을 생각하면 이해가 쉽다.

만일 테슬라나 엔비디아와 같은 세계적인 기업들이 주식시장에 상장한 초반에 미리 그 회사들의 주식을 사놓았다면 어떨까? 성장주 투자는 앞으로 있을 또 다른 테슬라를 찾는 과정이라 할 수 있다.

제2의 테슬라,
엔비디아 찾는 기준

문제는 어떤 회사가 과연 앞으로 마이크로소프트, 스타벅스와 같은 기업이 될 것인지 찾아내는 일이다. 지금이야 스타벅스가 세계적인 커피 체인이지만 처음 시작할 때엔 흔하고 흔한 커피 프랜차이즈 아니었겠는가.

성장주 투자에 있어 참고할 만한 내용이 있다. 미국의 전설적인 투자자인 윌리엄 오닐(William O'Neil)이 주창한 투자기법으로 CANSLIM 전략이 있다. 이는 성장주 투자에 있어 가장 기본적인 내용이라 할 수 있는데, 훌륭한 성장주를 찾을 때 주가 상승의 신호로 나타나는 특징들이다. 다시 말하면 성장주에 투자하고자 할 때 참고할 만한 7가지 좋은 징조들이다.

CANSLIM의 기본적인 내용은 아래와 같다.

C Current quarterly earnings per share
현재의 주당 분기 순이익

가장 최근 분기의 주당순이익이 전년 동기 대비 70% 이상 상승해야 좋은 주식이며 분기별 주당순이익 증가율이 최소한 20~50%는 돼야 한다.

A Annual earnings increases
연간 주당순이익

연간 주당순이익의 과거 5년 평균 성장률이 24%를 초과하기 시작할 때 주식이 시세를 내기 시작한다.

N New 새로운 것

성장 기업의 95%는 새로운 제품이나 서비스, 뉴 트렌드, 경영진 교체, 거래량 기록, 신고가 등 가시적으로 보이는 새로운 요소를 가지고 있다.

S Supply and demand
수요와 공급

주식시장에도 수요와 공급의 원칙이 적용되며, 발행 주식 수가 비교적 적은 소형주나 자사주를 많이 보유해 유통 주식 수가 적은 항목이 향후 성장주로서 높은 가격 상승이 가능하다.

L Leader
주도주

최근 1년간 주가 상승률이 상장주식 전체 가운데 상위 20% 이내에 들어가야 주도주로 분류할 수 있다.

I Institutional sponsorship
기관투자자의 지원

개인뿐 아니라 기관이 관심을 갖고 매수하는 주식이어야 한다.

M Market direction
시장의 방향성

주식시장이 강세장일 때는 대부분의 주식이 같이 상승하므로 강세장에서 투자해야 한다.

물론 CANSLIM의 모습을 보이지 않아도 갑자기 확 뜨는 종목들이 있기는 하다. 그럼에도 기본을 알아가는 과정이라면 내가 투자하려는 회사가 CANSLIM의 특징을 보이는지 점검하는 것이 좋다.

유망주 골라내기, 성장주

성장주 투자자의 경우, 매수 타이밍을 잡는 것은 어렵지 않다. 유망주는 어디서든 주목을 받게 되므로 기업 실적이 기대만큼 높지 않아도 '성장 가능성'의 기대를 계속 받을 수 있기 때문이다. 성장주를 찾는 것 자체는 어려운 일이 아니라는 뜻이다. 주의 사항은 바로 너무 일찍 매도 처분하는 위험이다.

예를 들어보자. 워런 버핏(Warren Buffett)을 투자의 현자로 만들어준 코카콜라. 그 회사의 주식이 처음 샀을 때보다 2배, 3배 정도만 올랐을 때 팔았다면 어떨까? 현재의 주가를 보면서 후회하고 있을지도 모를 일이다. 사기는 쉽지만 팔기가 어려운 것이 성장주 투자의 리스크라 할 수 있다. 팔았는데 계속 오른다면? 그 상승분만큼의 기회를 잃게 되는 것이니 그러하다.

반대로 손절매 타이밍 역시 주의해야 한다. 즉, 손해를 보게 될 때 어느 정도까지 버틴 다음에 주식을 처분할지 스스로 원칙을 세워야 한다는 것인데, 주식시장에서 성장주는 오를 수도 있지만 반대의 경우도 얼마든 있다. 성장주가 하락할 땐 그전까지 형성되었던 기대가 실망으로 바뀌게 되어 하락 폭이 클 수밖에 없다. 이때 마음속에 기준을 정해두지 않으면 단기간에 큰 손해를 보게 된다. 아주 중요한 원칙이고 유의 사항이다.

가치주의 경우 회계장부와 자산 현황을 미리 확인하고 투자를 했기 때문에 주식이 하락한다 해도 회복할 수 있으리라는 기대를 할 수 있지만 성장주는 한 번 추락하면 그 바닥을 알 수 없기 때문이다. 끝없이 오를 것 같던 서울 아파트 가격이 어느 한순간에 하락하는 모습을 보라. 바닥을 알 수 없을 정도로 곤두박질치는 모습이었다. 성장주도 그렇고 서울 아파트도 그렇고 오르니까 오르고 내리니까 내리는 아주 이상한 공식이 적용된다.

또 하나의 _____ 급여 파이프라인,
배당주

    큰형님들인 가치주와 성장주가 투자자들의 사랑과 관심을 받을 때 저쪽 구석에서 수줍게 매력을 뽐내는 종목이 있으니 바로 배당주되시겠다. 배당주란 기본적으로 배당성향이 높은, 다시 말해 기업의 이익을 주주들에게 많이 나누어주는 회사들에 투자해 매력을 높이는 종목들을 가리킨다. 투자자 입장에서 보면 A라는 회사는 주식을 샀더니 주식가격은 둘째치고 우선 1년에 한 번 거하게 은행 이자보다 높게 배당금을 지급해주기까지 한다. A 회사의 주식을 가지고 있으면 배당금을 받을 수 있으니 투자 매력도 올라가고 주식도 올라가기 때문에, 투자자는 일거양득의 효과를 얻어 보람 있는 투자를 할 수 있는 것이다. 큰형님들이 저기서 살벌하게 자신들의 매력을 뽐내고 힘자랑하는 동안 배당주 종목들은 알음알음 매력을 높여왔다. 이제 배당주의 매력과 투자 방법을 알아보도록 하자.

배당주 투자

기본 개념

이미 잘 알고 계신 바와 같이, 주식 종목 중에 따로 배당주라고 등록된 종목은 없다. 가치주, 성장주처럼 기업의 특성과 투자 목적에 따라 분류하는 투자 스타일이라 보면 된다.

배당주 투자라는 것은 간단히 보면 상장된 기업 중에 배당을 통해 이익을 얻을 것으로 기대되는 종목에 투자하는 방법이다. 어떤 회사의 1만 원짜리 주식을 보유하고 있는데, 이 회사는 주주에게 1주당 300원을 배당으로 지급한다면 주식투자자 입장에서는 주가의 흐름과 관계없이 3%의 수익률을 얻은 셈이다. 배당주 투자는 이렇게 배당을 높게 받을 수 있는 종목을 찾아 투자하는 것으로 간략히 요약할 수 있다.

또한 배당주의 특성을 역이용해서 투자하는 방법도 있다. 연말이 되면 우량배당주들의 인기가 올라 주가도 상승하는데 다음 해 연초가 되면 해당 주식들의 가격이 낮아지는 것을 이용하여 연초에 사두었다가 연말에 파는 방법도 활용해볼 수 있다.

배당수익률
기본 개념

배당수익률이란 주식 1주당 얼마의 배당금을 받느냐를 가리킨다. 예를 들어보자. 1만 원짜리 주식을 가지고 있는데 이 종목은 500원을 배당금으로 지급한다고 하자. 배당수익률은 500원 ÷ 1만 원 × 100으로 5%가 된다. 즉, 주당배당금(DPS·Dividend Per Share)이라 하여 한 주당 받는 배당금으로 확인할 수 있다.

포털사이트에서도 간단하게 확인할 수 있다. 네이버의 경우 네이버 → 증권 → 테마상위 (더보기) → 배당 순으로 클릭하면 상장된 회사들을 배당금과 수익률 등으로 정렬해서 볼 수 있다.

최근 우리나라에서는 코스피나 코스닥에 상장된 종목을 벗어나 해외, 특히 미국 주식으로 배당주 투자를 하는 투자자가 많아졌다. 삼성전자나 포스코를 포함한 10여 개 기업을 제외하면 우리나라 기업들은 대부분 1년에 한 번 배당금을 지급하는 것에 비해 미국 기업들은 대부분 분기별로 배당금을 지급하기 때문이다. 주주의 이익을 우선하는 미국의 기업문화가 1년에 4번 배당을 실시하도록 만든 것이라 할 수 있는데, 투자가 아주 잘된 경우 미국 주식을 사놓고 별다른 투자활동을 추가적으로 하지 않아도 매년 5%~10% 내외의 수익을 얻을 수도 있다. 우리나라에서 상가나 오피스텔을 사면 대략 수익률이 자기자본 기준 5% 내외인데, 배당금 투자를 통해서도 비슷한 효과를 기대할 수 있는 것이다. 물론 배당이 줄어들거나 미국 주식도 급락하는 등의 위험은 우리나라와 마찬가지로 항상 고려해봐야 하는 요소다.

배당주
투자 방법

배당주 투자는 일반 주식 종목의 거래와 절차와 방법이 같다. 앞서 설명했던 바와 같이 따로 '배당주' 항목이 있는 것이 아니라 종목 선정에 있어 배당성향이 높은 주식을 고르는 스타일의 문제이기 때문이다. 배당주 투자는 쉽게 생각하면 매우 간단한 투자 방법이다. 배당성향 높은 주식을 매수하기만 하면 된다. 배당금이 많을수록 좋은 것은 물론이다.

다만 간단하게 생각할 수 없는 이유는 배당 하나만 볼 수 없기 때문이다. 마치 상가를 샀는데 임대료는 꾸준히 들어오더라도 상가 가격이 계속 하락한다면 제대로 수익을 얻는 것이라 할 수 없는 이유와 같다. 좋은 배당주를 고르는 것은 좋은 상가를 고르는 것이라 볼 수 있다. 임대료가 안정적으로 꾸준히 잘 들어오는데 시간이 갈수록 임대료를 올려 받을 수 있고, 그에 따라 상가 가격도 올라가는 것이 상가 투자에 있어 가장 최선의 경우 아니던가. 배당주도 꾸준한 배당과 함께 주가 상승을 통해 수익을 얻는 것이 최선의 경우가 된다. 불행히도 어떤 상가가, 어떤 종목이 최선의 경우를 제공해줄지 알 수 없기에 각자 기준을 세워야 한다. 우량주가 아니더라도 배당수익률을 우선하느냐 아니면 배당수익률을 양보하더라도 우량주를 고를 것인가 등등의 기준이 필요하다.

배당주 투자
유의 사항

1 손실 발생 가능성

배당주 투자가 주가도 상승하고 배당수익도 얻어서 참으로 보람찬 투자가 될 수도 있지만 그렇지 않은 경우도 많다. 가장 좋은 경우는 주당 1만 원인 회사가 주당 1,000원을 배당해 10%라는 높은 배당률을 기록하면서도 주가가 주당 2만 원으로 대폭 상승하는 상황. 투자자는 배당수익과 함께 주가 상승에 따른 시세차익도 기대할 수 있다. 이러한 상황이 배당주에 투자하는 투자자들의 기대감이라 할 수 있다.

문제는 투자자가 손실을 겪게 되는 상황이다. 조금 전과 같은 상황을 가정해보자. 주당 1만 원에 매입해 10%인 1,000원을 배당받았는데 주가가 하락해 5,000원이 됐다면 실질적인 손실액은 4,000원이 된다(배당수익 1,000원 – 주가 하락 5,000원). 심지어 배당수익에 대해 세금이 붙게 돼 손실액은 조금 더 늘어나게 된다.

2 배당금 하락 가능성

배당금을 꾸준히 높게 받을 수 있다면 보람 있는 배당주 투자가 될 수 있지만 배당금이 예측의 범위를 벗어나 과하게 하락하는 경우도 있다. 즉, 일정한 배당성향이 형성되거나 기업 이익의 증가로 인한 배당금 증가와 같은 바람직한 경우가 아닌 경우도 있을 수 있다.

우리나라 최고의 직장 중 하나라는 에쓰오일을 보자. 배당금을 보면 결산 연도 기준 2014년에서 2017년까지 150원에서 2,400원/6,200원/5,900원의 주당배당금을 기록했다. 이를 믿었던 투자자들은 2018년에는 750원, 2019년엔 200원의 주당배당금을 받았다. 회사의 실적 하락이 주요 이유라 하는데 투자자들 입장에서는 당황스러울 수밖에 없다. 일반적으로는 최근 3년간의 실적을 검토하라 하는데 에쓰오일은 3년간 2,400원/6,200원/5,900원이지 않았던가. 에쓰오일이 좀 극단적인 경우라 할 수 있지만 다른 기업들 역시 그러지 않으리라는 점을 고려하면 최소 5년간의 배당금 추이를 살펴보는 것이 좋다.

배당주 투자와 관련된 기본 용어

배당

기업의 1년 경영 성과에 따라 그 기업의 주주들에게 분배하는 이익금. 배당의
종류에는 현금배당과 주식배당이 있는데, 현금배당은 주주들에게 현금으로
배당하는 것이고, 주식배당은 배당금만큼 주식을 주주에게 나누어주는
것이다. 현금배당이 대부분이다.

배당결산일

배당을 받기 위해 주주로 등록돼 있어야 하는 날짜. 대부분의 기업은 매년
12월 31일을 결산일로 하고 있는데, 이때 주주로 등록되려면 거래 기간을
고려하여 적어도 3일 전에는 주식을 매수해야 배당결산일에 주주로 등록될
수 있다. 보통 12월 26일 전후로 주식을 매수해야 배당을 받을 수 있다.

배당락

배당기준일이 지나면 주식을 보유해도 배당을 받을 수 없기에 배당금만큼
주식가격이 하락하게 되는데 이를 배당락이라 한다. 연말에는 우량 배당주의
가격이 오르게 되니 연초에 배당락된 주식을 사두었다가 연말에 매도하는
것도 배당락 투자의 한 방법이라 할 수 있다.

배당률(dividend rate)

1주당 배당금을 주식 1주의 액면가로 나눈 값. 주식 1주의 액면가에 대해
지급되는 배당의 비율. 주식은 액면가와 실제 가격의 차이가 많기 때문에
배당률은 비중 있게 다루어지지 않는 경우가 많고 실제 수익은 배당수익률을
기준으로 한다.
예를 들어보자. 삼성전자의 배당률이 30%인 경우 배당률만 놓고 보면 주당
액면가(5,000원)의 30%인 1,500원을 배당한 셈이다. 만일 삼성전자의 12월
31일 종가가 6만 원이라면 1,500원의 배당금은 2.5%로 계산된다. 그렇기에
배당률보다는 배당수익률이 실제 투자 판단의 중요한 기준이 된다.

또 하나의 급여 파이프라인, 배당주

배당수익률(dividend yield)

주당배당금을 현재 주가로 나눈 값. 배당금이 현재 주가의 몇 %인가를
나타내는 지표. 배당수익률이 높으면 높을수록 배당을 통해 수익을 더
많이 얻을 수 있다고 투자자는 판단하기 때문에 기대감이 반영되어 주가가
상승하게 된다.

배당성향(propensity to dividend)

주당배당금을 주당순이익으로 나누어 당기순이익 중 배당의 총액이
얼마나 되는지를 나타내는 비율. 배당성향이 높다는 것은 기업의 이익 중
배당금이 차지하는 비율이 높다는 뜻이다. 우량한 기업이라면 주가에 호재로
작용하지만 부실한 기업이라면 재무구조 악화 및 주가 하락의 요인이 되기도
한다. 배당성향이 낮다는 것은 기업의 이익을 회사에 계속 쌓아둔다는
의미로, 배당수익률에는 악영향이지만 기업은 투자 여력이 증가하기 때문에
주가 상승에는 긍정적 영향을 미친다.
배당성향은 높은 경우와 낮은 경우 각기 장단점이 따로 있다. 배당성향이
높으면 배당주 투자에 긍정적이지만 주가 상승 여력은 부족해질 수 있고 이와
반대로 배당성향이 낮으면 배당주 투자에는 부정적이지만 주가 상승에는
긍정적일 수 있다.

그래서 나에게 _____ 어울리는
주식 _____ 종목은?

지금까지 주식투자의 기본적인 내용들을 설명드렸다. "그래서 뭘 사면 좋나요?" 하는 것이 가장 궁금하지 않을까 싶다. 그간의 수많은 임상 경험을 바탕으로, 당신이 밤에 숙면을 취하면서도 남들과 주식투자 이야기를 할 때 전혀 위축되지 않을 종목들을 말씀드리도록 하겠다.

한국 회사

삼성전자, SK하이닉스

삼성전자

가격 상승률이 가장 높다거나 가장 저평가되어 있다거나 하는 회사는 아니다. 그럼에도 추천하는 것은 적어도 망할 일은 없을 것이라는 점과 우리나라에서 가장 좋은 회사라는 점 때문이다. 혹시 요새 삼성이 옛날 같지 않아서 들어가도 될지 염려된다고 생각할 수 있다. 맞는 지적이다. 그럼에도 삼성전자는 지금도 그렇고 앞으로도 영원한 좋은 회사이면서 투자하기 좋은 회사다. 수많은 시민단체들과 공무

원들이 '혹시 주가 가지고 장난치지 않을까?' 감시하기 때문에 주가 조작의 염려가 없는 투명한 회계장부를 기대할 수 있다. 삼성전자의 주요 먹거리는 반도체인데, 반도체는 앞으로 계속 수요 증가를 예측할 수 있다. 한두 번씩 위기가 오기는 하겠지만 그래도 나중에 돌아보면 사놓기 잘했다는 생각이 드는 종목이다. 한 주에 5만 3,500원이다(24년 12월 23일 기준).

SK하이닉스

삼성전자와 함께 반도체의 최강자다. 심지어 반도체를 얇게 썰어서 층층이 쌓는 기술은 삼성보다 나은 제품을 만들기도 한다. 앞으로 계속 AI산업의 발달 등으로 반도체 수요가 늘어나게 된다면 꾸준히 좋은 실적을 낼 것으로 보인다. 한 주에 16만 9,000원이다(2024년 12월 23일 기준).

미국 회사

애플, 엔비디아

애플

한국에 삼성이 있다면 지구에는 애플이 있다. 깔끔하게 새겨진 사과 로고는 무언가 구매의 기쁨을 느끼게 한다. 주식투자 관련 이야기를 나눌 때에도 "어디 사셨어요?", "애플이요", "잘 사셨네요"로 대화가 이어진다. 참고로 우리나라 주식시장의 규모는 24년 11월 기준 메이저리그인 코스피, 마이너리그인 코스닥을 합쳐서 대략 2,328조

원정도 된다. 달러로는 1.7조 달러가 되는데 애플 하나의 전체 주식 가격 합계(일명 시가총액)가 3.85조 달러 정도 되니 애플이라는 단일 기업의 가치가 우리나라의 코스닥과 코스피를 두 번 살 수 있을 정도 의 규모다. 애플 사시면 후회할 일 없을 것이다. 1주당 가격은 254달러(2024년 12월 23일 기준)이다. 이 책을 한 번 읽고 잠시 묵혀두었다가 훗날 이 페이지를 다시 펼쳤을 때 애플 주식가격이 얼마인지 확인해보시기 바란다. 만일 애플 주식을 가지고 계시다면 보람을 매우 많이 느끼실 것이다

엔비디아

업계의 새로운 강자다. 컴퓨터는 인텔 CPU로 충분히 성능을 발휘할 수 있었는데 이제는 AI를 제대로 활용하고 게임을 하려면 그래픽카드(GPU)가 필수다. 지포스라는 GPU 생산업체인 엔비디아는 GPU 분야에서 독보적인 위치를 점하고 있다. 주당 가격은 134달러(2024년 12월 23일 기준)다. 참고로 2022년 말까지 엔비디아의 주식가격은 대략 20달러 정도였다. 6배 넘게 상승했기에 비싼 것은 사실이다. 앞으로 더 비싸질 테니 이 책을 읽으신 날 들어가셔도 늦지 않다.

주식을 처음 입문해서 투자를 시작하겠다면 한국 주식 2개 종목, 미국 주식 2개 종목으로 총 4개의 종목을 추천한다. 혹시 전기자동차, 이차전지 등 유망한 다른 분야도 많은데 왜 반도체 관련 회사들 위주로 추천하는지 궁금하실 것 같다. 필자 역시 두뇌의 한계로 인

해 모든 회사를 다 알지 못해서이기도 하고, 전기자동차, 이차전지 분야는 앞으로 어떤 기술이 도입되어 산업의 구도가 확 바뀔지 잘 몰라서 그렇기도 하다. 산업이 어떻게 되든 결국 대부분의 첨단 제품 속에는 반도체가 들어갈 수밖에 없으니 먼 미래까지 감안한다면 앞서 추천드린 4개 회사가 적당하다고 자신 있게 말씀드릴 수 있다. 두려워 마시라. 4개 회사 투자했다가 후회하는 사람은 지금까지 보지 못했다.

인스타그램, 페이스북 같은 IT 기업 역시 매력적인 투자처일 수는 있다. 그럼에도 필자의 판단으로는 각국 정부에서 IT 기업들에 대한 규제가 점점 심해지는 추세에 있기도 하고, 미국에서는 대통령에게 미운털 박힌 메타(구 페이스북) 대표가 바짝 엎드리는 모습을 보여서 IT 기업 역시 정부의 눈 밖에 나면 한순간에 날아갈 수도 있다는 판단이 들었다. 반면 반도체는 대부분의 국가에서 '잘 부탁드립니다' 하는 상황이라 정부의 규제에서 그나마 자유롭다는 점 역시 고려했다.

좋은 배우자 후보를 소개시켜드리는 결혼정보회사 담당 매니저의 마음으로 소개드린다.

"독자님 삼성, SK, 애플, 엔비디아, 어떠세요? 먼저 만나보시고 나중에 다른 기업도 만나보시면 좋으실 듯합니다."

PART 04 ——— 펀드

펀드 _____ 투자
기본 _____ 개념

펀드가 직장인들에게 사랑을 받은 시기가 있었다. 2000년대 초, 처음 펀드가 도입되던 시기에는 주식투자의 대안으로 엄청난 인기를 끌었다. 당시 주식투자에 대한 일반적인 인식은 간단했다. 주식은 위험하다는 것. 실제로도 그러했다. 성공하는 사람보다 실패하는 사람이 많은 것이 주식투자 시장이었다. 주식은 위험하다는 인식이 퍼져 있던 상황에서 펀드는 주식투자보다 덜 위험하면서도 주식 못지않게 수익을 얻을 수 있게 해주는 상품이었다.

펀드 1세대,
돈 복사기

처음 펀드가 도입되던 시기에는 연수익률 30%가 기준이었다. 이보다 수익률이 높으면 투자 잘한 것이고, 그에 미치지 못하면 투자 못한 것이었다. 연수익률 20%를 얻은 투자자는 '나는 왜 더 좋은 펀드에 투자하지 못해서 30%를 얻지 못 했을까' 자책하던 시기이기도 하다. 펀드 1세대는 돈 복사기라 볼 수 있다. 100만 원을 넣으면 1년 후에 130만 원이 되는 마법의 상품이었다.

펀드명	운용사	설정일	순자산액 (억 원)	수익률(%)	
				1년	연초 이후
미래에셋디스커버리주식형	미래에셋자산	2001. 01. 06	16,157	72.11	65.22
미래에셋드림타겟주식형	미래에셋자산	2003. 11. 03	1,635	64.96	59.45
미래에셋3억만들기 인디펜던스주식 K-1	미래에셋자산	2005. 01. 18	20,691	65.71	59.36
삼성배당주장기주식 종류형 1_C	삼성운용	2005. 05. 10	6,612	64.85	57.86
한국네비게이터주식 1ClassA	한국운용	2005. 12. 20	5,320	57.99	54.67
미래에셋인디펜던스주식 2	미래에셋자산	2005. 01. 17	15,520	59.52	53.88
KB신광개토선취형주식	KB운용	2006. 01. 31	595	58.57	52.80
미래에셋솔로몬주식 1	미래에셋자산	2002. 12. 03	24,316	57.78	52.59
한국부자아빠성장주식증권 W-1ClassA	한국운용	2005. 03. 03	707	55.27	52.12
Tops Value 주식 C	SH운용	2005. 04. 19	848	57.88	51.4.
주식형 일반 주식 유형 평균(405개 펀드)				47.77	42.27

기준: 2007년 12월 11일, 순자산액 100억 원 이상, 연초 이후 수익률 순
출처: 제로인, 이데일리 https://www.edaily.co.kr/News/Read?newsId=01466166583358520

　　2007년 수익률 상위 10개 펀드의 수익률을 보면 연수익률 50%를 넘는 것은 기본이고 전체 주식형 펀드들의 수익률이 40%를 넘는다. 연간 수익률 40%를 넘지 못하면 '평균보다 못한 초라한 성적'이었던 영광의 시기였다.

　　눈치 빠르신 독자분들은 '왜 작가 양반이 자꾸 과거형으로 이야기 할까'라는 생각이 드셨을 것이다. 그렇다. 옛날엔 펀드가 최고 인기

상품이었지만 지금은 그렇지 않다. 과거에 비해 낮아진 펀드의 수익률 때문이고, 마이너스가 속출하는 펀드들이 많아져서 그렇다. 펀드 좋다는 것은 옛말이 되었다. 그렇다. 이제 더 이상 펀드는 황금알을 낳는 돈 복사기가 아니다.

그런데 왜 펀드를 설명하냐고? 펀드 투자가 가진 몇 가지 장치가 직장인에게 잘 맞는 부분이 있기 때문이다. 과거의 영광은 사라졌지만 여전히 펀드는 직장인의 재테크 수단으로 유용하게 활용해볼 수 있다.

펀드의 종류

우리나라에는 대략 2만 개의 펀드가 있다. 이 수많은 펀드가 각기 다른 투자 방향과 철학을 가지고 있고, 투자하는 곳도 주식·채권은 물론이고 부동산에서 심지어 원유까지 다양하다. 중국집에 메뉴가 너무 많으면 뭘 먹을지 고르기 힘들다. 펀드도 마찬가지로 처음 입문할 때 2만 개의 펀드 중에서 골라야 한다면 '결정장애'의 원인이 되어 오히려 펀드를 고르지 못할 것이다. 펀드는 몇 개의 기준에 따라 구분하는 방법이 있다.

1 투자하는 대상 [주식형/채권형/혼합형]
모인 자금을 어디에 투자하는가에 따른 구분법이다. 명칭이 직관적이기에 이해하기에 큰 어려움은 없다.
- 주식형: 펀드 자산의 60% 이상을 주식에 투자
- 채권형: 펀드 자산의 60% 이상을 채권에 투자하며, 주식에는

투자하지 않음

● 주식혼합형: 주식형 상품 및 채권형 상품 이외의 상품으로, 주식 최저 투자 비율이 50% 이상

● 채권혼합형: 주식형 상품 및 채권형 상품 이외의 상품으로, 주식 최고 투자 비율이 50% 미만

추가적인 해설을 덧붙여보자면, 대부분의 자금을 주식에 투자하는 주식형의 장점은 경제 상황이 좋을 때 수익을 많이 얻을 수 있다는 점이다. 투자한 각 주식이 상한가를 기록하게 되면 그만큼 펀드의 수익은 커지게 된다. 단점은 반대의 상황에서는 손실이 커지게 된다는 것.

채권형은 이와 달리 채권 자체가 안정성을 가지고 있기에 꾸준하게 수익을 얻을 수 있다는 장점이 있지만 동시에 안정성으로 인해 큰 폭의 상승은 기대하기 힘들다는 단점이 있다. 주식형과 채권형의 장점을 살리고 단점을 보완하기 위해 혼합한 상품이 바로 혼합형 상품이다. 주식 위주의 혼합이면 주식혼합형, 채권 위주라면 채권혼합형, 이렇게 분류된다.

2 추가 불입 가능 여부 [추가형/단위형]

펀드는 원칙적으로 자유롭게 납입과 환매가 가능하다. 다만 일부의 경우, 투자 대상이 정해진 기간과 금액이 있으면 납입이나 환매가 제한되는 경우가 있다.

● 추가형: 수시로 펀드의 추가 설정이 가능한 펀드. 자유롭게 추가로 납입할 수 있고 적금처럼 적립식으로 투자하는 것도 가능하다.

대부분의 펀드는 추가형이다.

● 단위형: 만기를 미리 정해놓는 펀드는 투자 기간과 만기가 처음부터 정해져 있어 펀드 모집 기간 이후 펀드의 추가 판매 및 설정이 불가능해지는데 이를 가리킨다. 적립식으로 투자할 수 없다. 만기까지 안정적으로 유지해야 수익을 얻을 수 있는 금융상품에 투자해야 할 때 단위형 펀드인 경우가 많다.

3 모집 방식의 구분 [공모형/사모형]

펀드 투자자를 모집할 때 투자자를 제한 없이 받는 펀드를 공모형 펀드, 이와 달리 49인까지만 받는 펀드를 사모펀드라 부른다. 사모펀드는 우리와 큰 상관없다고 보면 된다. 알음알음으로 부자들끼리 몰래 하는 펀드이기 때문이다.

● 공모형: 투자자 모집에 제한 없음. 투자자 보호 장치 철저함
● 사모형: 49인 이하의 참여(부자를 위한 펀드)

4 투자 방식 [적립식/거치식]

투자 금액을 일시에 넣는 방법을 거치식, 나누어 넣는 방법을 적립식이라 한다. 목돈을 은행에 넣을 때 정기예금으로 다 넣어두느냐 적금으로 나누느냐의 구분과 비슷하다. 적립식 펀드의 가장 큰 장점은 '코스트 에버리지(cost average)' 효과를 볼 수 있다는 점이다. 코스트 에버리지 효과에 대해서는 적립식 펀드의 장점 부분에서 자세하게 설명해놓았다.

간략하게 적립식 투자와 거치식 투자를 비교하면 이렇다.

펀드 투자 기본 개념

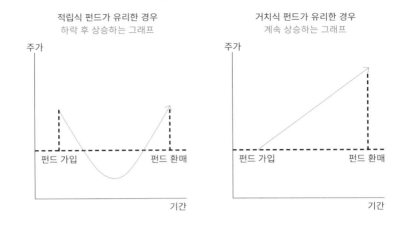

적립식 펀드가 유리한 경우 vs 거치식 펀드가 유리한 경우

적립식 펀드가 유리한 경우
하락 후 상승하는 그래프

거치식 펀드가 유리한 경우
계속 상승하는 그래프

● 적립식 : 경제 상황이 횡보하거나 증시 하락 후 상승할 때 유리한 투자 방식. 매월 같은 금액을 꾸준히 적립하는 경우 코스트 에버리지 효과를 통해 평균 매입 단가를 낮출 수 있기 때문이다.

● 거치식 : 증시가 하락 없이 꾸준히 상승하는 경우 더 유리한 투자 방식. 모든 투자 원금이 상승의 효과를 보기 때문이다. 단, 증시가 하락하면 적립식에 비해 더 크게 손실을 보게 된다.

결론을 말씀드리자면 직장인들에게는 적립식 펀드가 잘 맞는다. 급여도 매월 나오고 투자도 매월 할 수 있기 때문이다. 돈을 제대로 모아서 거치식 펀드에 한 번에 넣는 것도 좋은 방법이기는 하지만 현실적으로 통장에 넉넉한 돈이 있어서 거치식 투자를 할 확률은 거의 없다. 기억하자. 월급과 어울리는 것은 적립식 투자다. 그래서 어떤 펀드를 선택하면 좋을지에 대해서는 잠시 후에 말씀드리도록 하겠다.

펀드의 ＿＿＿ 종류를 알아보자

펀드, 어떤 것을 골라야 할까? 무슨 펀드를 골라야 할지 판단하려면 어떤 펀드가 있는지부터 보는 것이 순서일 것이다. 어떤 펀드가 있는지 살펴보고, 나에게 맞는 펀드는 어떤 것인지 결정해보자.

펀드의 간략한 구분,
주식형/채권형/혼합형

앞서 설명드렸던 바와 같이 펀드를 나눌 때 가장 기본이 되는 구분이다. 모인 자금을 어디에 넣는가를 기준으로 구분하는데, 주식시장에 넣으면 주식형 펀드, 채권에 넣으면 채권형 펀드다. 이름이 직관적이어서 구분하기 쉽다. 그렇다면 혼합형은? 그렇다. 짜장면 반, 짬뽕 반을 응용해서 주식 반, 채권 반 넣는 펀드되시겠다. 주식형 펀드의 경우 원칙적으로 최소 60%는 주식을 매입하도록 돼 있다. 자 여기서 중요한 단어가 있으니 '최소'되시겠다. 일반적으로 주식형 펀드는 95% 이상을 주식으로 채워 넣는다. 최소 60%를 가뿐히 넘는다고 보면 된다. 채권은? 그렇다. 최소 60%다.

주식형 펀드는 대부분의 투자자금을 주식시장에 넣기 때문에 높은 확률로 주식시장의 움직임을 따라가게 된다. 여기서 높은 확률이라 표현한 것은 이유가 있는데, 코스피지수가 2000포인트에서 2500포인트가 돼 20% 이상 상승한다 해도 모든 주식 종목이 20% 상승하는 게 아니기 때문이다. 오르는 종목들은 오르지만 정체하거나 내려가는 종목도 있다. 심지어 상장 자체가 폐지되어 주식이 휴지 조각이 되는 경우도 있다. 주식형 펀드는 잘 고르면 코스피시장의 전체 흐름보다 높게 수익을 얻을 수도 있지만 그렇지 못할 수도 있다.

코스피는 올랐는데 왜 내 펀드는 이렇게 수익률이 오르지 않을까? 라는 질문에 대한 답이기도 하다. 그럼에도 주식시장이 상승할 땐 채권형이나 혼합형보다 나은 성적을 보인다.

채권형 펀드는 주식형 펀드와 대조적으로 대부분의 자금을 채권에 투자한다. 채권은 급격하게 오르거나 내려가지는 않는다. 특히 정부에서 발행하는 국공채의 경우 '1년에 3% 이자 쳐드리겠습니다 또는 5% 이자 쳐드리겠습니다' 정도에 그친다. 수익률을 보면 잘해도 5%, 못해도 5%인 셈이다. 은행 이자보다 조금 더 받으면 만족이다, 라는 경우면 적극적으로 추천할 만하지만 나의 소중한 월급과 자산을 겨우 은행 이자보다 더 받자고 할 이유는 없다.

주식이면 주식이고 채권이면 채권이어야 하는데, 뭔가 애매한 펀드다. 좋은 면을 보자면, 주식시장이 좋을 때엔 주식에 투자한 자금이 수익률을 끌어올리고 주식시장이 나빠지면 채권에 투자한 자금이 수익률을 지켜준다는 것인데, 나쁘게 보자면 정반대다. 주식시장이 좋아도 채권 비중 때문에 수익률이 안 올라가고, 주식시장이 나쁘면 주식 비중 때문에 수익률이 잘 안 지켜진다.

전혀 다른 이야기인데, 필자가 군 생활하던 시절 우리 부대에 직업군인이던 박 상사님이 있었다. 그분의 자동차는 스포티지 1세대였는데, 트럭의 힘과 승용차의 부드러움을 조화롭게 구현했다고 주장하던 자동차였다. 결과는? 트럭의 승차감과 승용차의 엔진 출력이었다. 혼합형 펀드가 1세대 스포티지 같다고 보면 된다. 채권의 답답함과 주식의 하락만이 남는다. 혹시나 싶어서 말씀드리자면 1세대 스포티지는 20년도 더 된 이야기다. 지금 모델은 훨씬 좋다.

이제 슬슬 감이 잡힐 것이다. 주식형/채권형/혼합형 중에 육식 재테크에 어떤 것이 어울릴지. 그렇다. 주식형 펀드가 그대의 육식을 위한 메뉴라 할 수 있다. 돈이 아주 많아서 위험관리를 하면서 은행이자보다 조금 더 수익을 얻을 수 있는 것으로도 충분히 만족스럽다면 채권형이나 혼합형을 하는 것이 맞지만 우리는 굶주려 있는 맹수들 아니던가. 기름진 주식형 펀드가 우리에게는 필요하다. 몸이 원하고, 우리의 통장이 원한다.

적립식 _____ 펀드의
장점

　직장인에게 가장 추천하는 펀드 투자 방식이 적립식 펀드다. 대부분의 펀드가 적립식으로 투자 가능하다. 적립식 펀드의 가장 큰 장점은 위험을 분산시켜 주가 하락 이후 주가 상승 시 가장 효율적으로 수익을 얻을 수 있도록 해준다는 것인데, 등락에 상관없이 주식을 매수해 평균 매입 단가를 낮추는 일명 코스트 에버리지 효과 때문에 가능하다. 단, 코스트 에버리지 효과는 하락 후 상승의 주식시장에서 가장 빛을 발하지만, 주식시장이 지속적으로 상승하거나 하락하는 경우 거치식 펀드에 비해 수익률이 더 낮을 수도 있다는 점을 고려해야 한다. 적립식 펀드는 투자 금액의 분산과 함께 펀드 자체의 분산, 투자 기간의 분산을 통해 가장 좋은 효과를 볼 수 있도록 설계하는 것이 좋다.

적립식 투자의
기본 개념

　적립식 펀드 투자는 거치식과 달리 꾸준히 펀드에 자금을 투자하는 방법을 가리킨다. 예를 들어 500만 원의 투자자금이 있을 때

500만 원을 한꺼번에 펀드에 투자하면 거치식이라 하고 100만 원씩 나누어 5개월 동안 투자하면 적립식이라 부르는 것이다.

참고로 적립식 펀드, 거치식 펀드가 따로 있는 것은 아니다. 같은 A 펀드에 어떤 방법으로 자금을 투자하는 방법에 따라 이름이 다르게 붙는 것뿐이다. 즉, 내가 어떻게 투자자금을 운용하는가에 따라 같은 펀드라도 거치식이 될 수도, 적립식이 될 수도 있다.

투자 방법에 따른 펀드 구분

거치식 펀드	적립식 펀드	자유적립식	정액적립식
최초 목돈을 한꺼번에 투자하는 방식	장기간 꾸준히 펀드에 돈을 나누어 투자하는 방식	원하는 날에 원하는 금액을 투자	정해진 날에 정해진 금액을 투자

출처: 한화자산운용, https://www.hanwhafund.co.kr/webapp/hw_kor/hw_invest_guide/hw_intimate_fund.jsp

거치식 펀드와 적립식 펀드를 조금 더 비교해보자면 다음과 같다.

우선 적정한 가입 시기. 적립식 펀드는 특별히 어느 시기에 펀드 투자를 시작해야 한다는 기준은 없다. 주가 수준이 높을 때 또는 낮을 때 구분 없이 꾸준히 펀드에 투자하는 방식이기 때문이다. 반면 거치식 펀드의 경우 가급적이면 주가 수준이 낮을 때 시작하는 것이 유리하다. 앞으로 주가가 지속적으로 상승할 것으로 예상되면 한꺼번에 투자해 주가가 상승하는 만큼 수익을 얻을 수 있다. 다만 현재의 주가 수준이 높은지 낮은지 쉽게 판단할 수 없기 때문에 거치식은 위험 요인을 그만큼 안고 간다는 점은 미리 염두에 두어야 한다.

적립식 펀드의 장점

다음으로는 투자 용도에서도 차이점이 있다. 목돈을 넣어 투자하는 거치식의 경우 현재의 목돈을 더 키워 더 큰 목돈으로 만드는 목적이 우선이다. 적립식은 이와 달리 조금씩 투자하여 목돈이나 종잣돈을 만드는 것에 목표를 두고 있다. 물론 어느 정도의 금액이 목돈이냐 소액이냐 하는 것은 개인의 상황에 따라 다르다. 1,000만 원이라는 금액이 누구에게는 목돈이지만 또 누구에게는 그렇지 않을 수 있다. 기본적인 개념이 이러하다는 것으로 참고하시기 바란다.

참고로, 적립식 펀드는 무조건 좋고 거치식 펀드는 나쁘다는 식으로 이해하면 곤란하다. 앞서 보았듯 적립식 펀드와 거치식 펀드는 경제 상황 또는 개인 상황에 따라 쓰임새와 장단점이 다르기 때문이다. 대부분의 재테크 서적에서 적립식 펀드를 추천하는 이유는 재테크에 있어 위험을 관리하고 목돈을 모아가는 과정에서 거치식에 비해 더 도움이 되기 때문이다. 적립식이 무조건 더 좋아서 그러한 것은 아니라는 점을 알아두면 좋다.

적립식 투자의 최대 장점,
코스트 에버리지 효과

적립식 펀드 투자의 최대 장점은 '위험 분산'에 있다. 경제 상황은 좋을 수도 나쁠 수도 있고 그에 따라 펀드 역시 수익/손실의 가능성을 동시에 가지고 있다. 내일 주가가 어떨지 모르는 상황에서 목돈을 한꺼번에 거치식으로 넣는다면 주식시장이 좋을 때야 좋지만 반대의 경우 손해가 크기 때문이다. 적립식 펀드의 위험 분산 방법으로 항상 이야기되는 것이 바로 코스트 에버리지 효과다.

A라는 회사의 주가가 2020년 1년간 5만 원에서 출발하여 2만 5,000원으로 반토막이 났다가 다시 연말에 연초 수준인 5만 원으로 회복했다고 가정해보자. 만일 1,200만 원이라는 목돈을 이 회사에 거치식으로 투자했었다면 투자 이후 지속적인 손실을 보다가 연말이 돼 주가가 원래 수준으로 회복했을 때 비로소 원금이 회복되었을 것이다. 만일 투자 금액을 매월 100만 원씩 나누어 투자했었다면 비쌀 때엔 적게 사고 쌀 때 많이 사는 방법으로 주가 수준이 연초 수준으로 회복했을 때 원금에 더해 일정한 수익도 얻게 된다. 표로 정리해 보면 아래와 같다.

거치식으로 투자한 경우 정산해보면 수익금 0원에 수익률은 0%지만 적립식으로 투자했다면 수익금은 약 395만 원에 수익률은 33%가 된다. 이러한 극적인 차이는 적립식 투자의 경우 A 회사의 주식

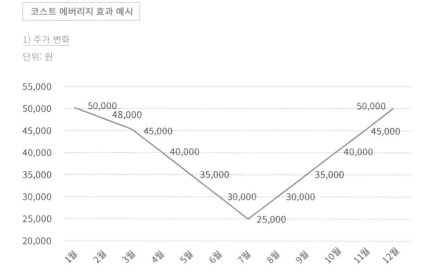

코스트 에버리지 효과 예시

1) 주가 변화
단위: 원

적립식 펀드의 장점

시기	주가	거치식 투자		적립식 투자	
		투자 금액	보유 주식 수	투자 금액	주식 수
1월	50,000	12,000,000	240	1,000,000	20
2월	48,000			1,000,000	+21
3월	45,000			1,000,000	+22
4월	40,000			1,000,000	+25
5월	35,000			1,000,000	+29
6월	30,000			1,000,000	+33
7월	25,000			1,000,000	+40
8월	30,000			1,000,000	+33
9월	35,000			1,000,000	+29
10월	40,000			1,000,000	+25
11월	45,000			1,000,000	+22
12월	50,000			1,000,000	+20
합계		12,000,000	240	12,000,000	319
투자 결과		12,000,000	0%	15,950,000	3,950,000
수익률		0%		33%	

가격이 내려갔을 때 많이 사둘 수 있었기 때문이다. 연말에 정상적인 가격을 되찾았을 때 쌀 때 사둔 주식들까지 제값이 적용되니 수익을 많이 볼 수 있는 것이다. 적립식으로 투자한 경우 총 보유 주식은 319주이고 총 원금은 1,200만 원이니 평균 매입가는 3만 7,600원 수준이다. 쌀 때 많이 사두었기 때문에 가능한 일이다. 거치식으로 투자한 경우 보유 주식은 최초 투자할 때의 240주만 계속 있게 되는 점을 보면, 적립식으로 투자하는 것은 주가 하락을 오히려 기회

로 삼아 수익률을 올릴 수 있게 운용된다는 점을 발견할 수 있다.

주가 하락기를 이용해 더 많은 주식을 살 수 있는 원리가 바로 코스트 에버리지 효과인데 앞서 보신 바와 같이 전체적인 매입 단가를 낮추는 효과를 얻을 수 있는 것이다. 주식시장의 변동성이라는 위험을 제거하기 위해 많이 활용되는 방법이기도 하다.

단, 주식시장이 하락했다 상승하는 경우에 효과가 극대화된다는 점도 참고해야 한다. 반대의 경우도 있을 수 있기 때문이다. 앞서 보았던 A 회사의 주식이 내렸다 오르는 것이 아닌 올랐다 내리는 경우를 생각해보자.

A 회사의 주식이 이와 같이 연초에 2만 5,000원이었다가 여름에 최고가인 5만 5,000원을 기록하고 다시 연말에 2만 5,000원으로 연초 수준으로 내려왔다고 가정하면, 앞서 보았던 계산법을 적용했을

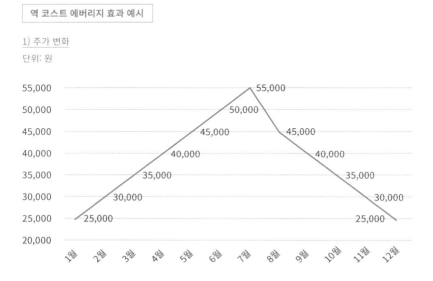

역 코스트 에버리지 효과 예시

1) 주가 변화
단위: 원

적립식 펀드의 장점

2) 수익 비교

시기	주가	거치식 투자		적립식 투자	
		투자 금액	보유 주식 수	투자 금액	보유 주식 수
1월	25,000	12,000,000	480	1,000,000	40
2월	30,000			1,000,000	+33
3월	35,000			1,000,000	+29
4월	40,000			1,000,000	+25
5월	45,000			1,000,000	+22
6월	50,000			1,000,000	+20
7월	55,000			1,000,000	+18
8월	45,000			1,000,000	+22
9월	40,000			1,000,000	+25
10월	35,000			1,000,000	+29
11월	30,000			1,000,000	+33
12월	25,000			1,000,000	+40
합계		12,000,000	480	12,000,000	336
투자 결과		12,000,000	0%	8,400,000	-3,600,000
수익률		0%		-30%	

때 거치식으로 투자한 경우는 수익도 손실도 없는 0원이지만 적립식
으로 투자한 경우 손실 금액은 약 360만 원으로 마이너스 30%라는
손실을 보게 된다. 이렇게 손실이 큰 이유는 비싼 값에 산 주식들이
주가 하락기 손실을 더 키우기 때문이다. 적립식 투자가 모든 상황에
서 수익을 얻을 수 없다는 점이 중요하다.

상황별로 적립식 펀드와 거치식 펀드 중에서 어떤 방식이 유리한
지 정리한 다음의 그래프를 보자. 꾸준한 상승 구간에서는 거치식이

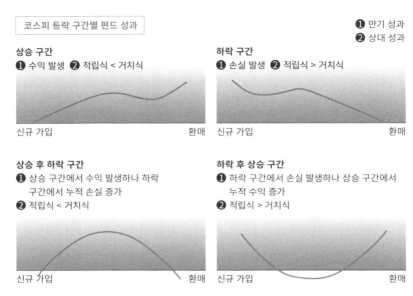

출처: 하나증권, https://www.donga.com/news/Economy/article/all/20081029/8650163/1

유리하고, 꾸준한 하락 구간에서는 적립식이 유리하다. 상승 후 하락 구간에서는 거치식이 유리하고, 하락 후 상승 구간에서는 적립식이 유리하다. 즉, 각각의 경우마다 적립식과 거치식이 각각 유리한 상황이 있는 것이다. 간략하게 정리하면 지속 하락 또는 하락 후 상승하는 경우 적립식 투자가 유리하다. 코스트 에버리지 효과를 통해 지속 하락하는 상황에서는 좀 덜 손실을 보게 되고 하락 후 상승 시 더 많은 수익을 얻도록 해주기 때문이다.

　결론은 이렇다. 주식값이 꾸준히 하락하지 않는다면 적립식 투자가 직장인과의 궁합과 수익률 보호 측면에서 많은 장점을 가지고 있다. 펀드 투자에 입문하겠다면 적립식으로 조금씩 넣어보면서 감각을 익히는 과정을 추천드린다.

주의해야 _____ 할
해외펀드

기억하실 것이다. 투자를 할 때 국가에 대한 깊은 애국심은 잠시 제쳐두고 이왕이면 미국 주식을 선택하는 것이 좋다고 한 것. 단순하게 생각하면 펀드도 미국에 투자하는 것이 좋지 않을까 싶으실 텐데 맞기도 하고 틀리기도 하다. 어떤 미국 펀드는 수수료만 많이 나가는 것들이 있기 때문이다. 재테크에 큰 도움 안 되는 해외펀드 2가지 유형을 정리해보았다. 해외에 투자하는 펀드라 해서 덜컥 투자하고 혹시 필자를 원망하는 일이 없으면 좋겠다는 마음이다.

가장 수수료 비싼 펀드,
재간접펀드/모자형펀드

내가 A 펀드에 투자한다고 했을 때 기대하는 것은 펀드매니저가 좋은 주식 종목을 잘 골라서 수익률을 올려주는 것이다. 이게 일반적인 펀드의 모습인데 재간접펀드는 펀드매니저가 좋은 주식 종목을 고르는 것이 아니라 좋은 펀드에 투자하는 것이다. 내 돈이 펀드에 들어가는데 그 모인 자금이 다시 펀드에 들어가는 셈이다. 수익률은 일단 논외로 치더라도 수수료가 비싸다. 마치 우리나라 농수산물 유통 시장과 같다고 보면 된다. 농부들이 땀 흘려 경작한 수확물이 몇 번 중간 업자들의 손을 거치면 몇 배로 가격이 올라가지 않던가.

재간접펀드와 모자형펀드가 이런 식이다. 펀드는 판매·환매수수료 외에 보수가 따로 붙는데, 재간접펀드와 모자형펀드는 이중으로 보수가 발생한다. 우리가 펀드에 가입할 때 펀드매니저 홍길동에게 연간 보수를 지급하고 다시 이 펀드가 다른 미국 펀드에 투자할 때 펀드매니저 미스터 스미스에게 연간 보수를 또 지급해야 한다. 자, 수익은 미정이지만 보수는 확정이다. 굳이 비싼 보수를 더 지급할 필요는 없다. 참고로 모자형펀드에서 모자는 엄마와 아들을 뜻하는 母子를 가리킨다.

어설픈
원자재펀드

해외에 투자하는 펀드 중에서 미국이나 선진국의 주식에 투자하는 펀드는 상관없는데, 해외의 금이나 원유에 투자하는 일명 원자재 펀드들은 좀 피할 것을 권한다. 금 펀드가 금에 투자하는 것이 아니고, 원유 펀드가 원유에 투자하는 것이 아니기 때문이다. 금 펀드는 금의 생산과 유통에 관련된 기업에 투자하는 경우가 많고, 원유 펀드도 원유 관련 회사에 투자하는 경우가 많다. 금값이 오르면 금을 다루는 회사들도 수익이 좋아질 것이니 금 관련 회사의 주식값이 오를 것이고, 마찬가지로 원유도 원유값이 오르면 관련 기업들의 수익이 높아질 테니 주가 상승이 가능하기는 하지만, 금값이 한창 오를 때 금 펀드는 큰 재미를 못봤고, 원유값이 올랐을때에도 원유 펀드는 큰 수익을 얻지 못했다.

참고로 금값은 경제의 불확실성이 높아질 때 가격이 오르는 특성이 있다. 금은 동서고금을 막론하고 값어치 있는 금속으로 여겨졌기 때문이다. 일명 안전자산이라고 불리는데, 금은 경제가 어려워진다 해도 안심하고 가지고 있을 수 있기 때문에 경제가 어려우면 값이 오르고 반대로 경제가 다시 안정을 찾으면 값이 내려가는 특성이 있다. 원유는 경기 흐름과 비슷하게 움직인다. 경제가 좋아져서 여기저기서 석유제품을 만들면 값이 올라가고 경제가 나빠지면 수요가 줄어 값도 내려가게 된다. 석유의 문제는 생산 즉, 공급이 시장 논리에 따르지 않고 각국 지도자의 자존심에 따른다는 것. 셰일가스를 포함한 생산지를 보면 대부분 미국, 러시아, 중동 등이다. 다들 한성격들 하시는 분들이라 석유값 마음에 안 들면 마음껏 생산량을 기분에 따라 조절들 하신다. 금값은 이해라도 가는데 석유값은 정말 예측하기 어렵다. 그래서 원유 투자는 투자라기보다는 도박의 성격을 가지고 있다.

이렇게 설명드리면 '그럼 해외펀드는 하면 안 된다는 말인가?' 싶으실 텐데 그렇지 않다. 해외펀드의 탈을 쓰고 투자자들을 울리는 펀드들을 제외하면 한국 vs 미국을 비교할 때 펀드 역시 미국에 투자하는 펀드가 성적이 더 좋다. 그렇다. 주식도 그렇고 주식에 투자하는 펀드도 그렇고 숫자만 보면 일명 '국장'이라고도 하는 대한민국 주식시장은 웬만하면 피하는 것이 좋다.

정답은 _____ 인덱스펀드

지금까지 이것저것 펀드에 대해 기본적인 내용을 전달드렸다. 사실 지금까지의 내용은 다 잊으셔도 된다. 가장 중요한 것은 '그래서 어떤 펀드가 좋을까?'에 대한 답일 테니 말이다. 펀드에 있어 정답이라 할 수 있는 것은 '인덱스펀드'다. 물론 잘 찾아보면 인덱스펀드보다 좋은 것들이 얼마든지 많이 있겠지만 사회 초년생인 당신에게는 인덱스펀드가 가장 적당하다. 이제 근거를 설명드리도록 하겠다. 우선 인덱스펀드가 무엇인지 차근차근 보도록 하자.

인덱스펀드의
시작

인덱스펀드의 시작은 '인간'에 대한 반성이다. 펀드매니저들이 아무리 열심히 종목을 발굴하고 시장을 분석해도 결국 시장의 흐름을 이길 수 없다는 것을 깨달으면서 '차라리 시장의 흐름을 그대로 따라가는 방식으로 펀드를 운용해보자'라고 생각했기 때문이다.

미국과 영국에서 각각 재미있는 실험을 했다. 우선 미국 월스트리트저널은 2000년 7월부터 2001년 5월까지 원숭이와 펀드매니저, 일반 투자자가 각각 투자했을 때 결과가 어떠할지 살펴보았다. 원숭이는 주식시세표에 무작정 다트를 던져 투자종목을 발굴했고 말이다. 결과는 원숭이의 투자성적표가 −2.7%로 1등을 했다. 펀드매니저는 −13.4%, 일반투자자들은 −28.6%의 손실을 기록했다. 영국에서도 2002년에 비슷한 실험이 있었다. 5살 어린이, 증권전문가, 점성술사가 수익률 대결을 펼쳤는데, 어린이는 종이쪽지를 무작위로 골라 투자종목을 정했다. 증권전문가, 점성술사는 각각 자신의 지식과 심령술을 발휘하여 종목을 선택했는데, 결과는 수익률 5.8%로 어린이의 승리였다. 점성술사는 −6.2%, 증권전문가는 −46.2%로 망신을 당한 것은 물론이다. 전문가들이 분석해도 결국 시장을 이길 수 없다는 깨달음이 반영된 펀드. 바로 인덱스펀드라 할 수 있다.

인덱스펀드의
기본 개념

학교 다닐 때 평균 점수를 생각하면 된다. 국어, 영어, 수학, 과학 등 여러 과목의 시험을 보고 나면 과목별 성적과 평균 성적을 같이 확인할 수 있다. 한두 과목 망해도 평균 점수가 0점이 되지는 않는다. 다른 과목들이 받쳐주기 때문이다. 성적표에 나타난 평균 점수는 나의 전체적인 시험 결과를 알려주는 일종의 지수라고 볼 수 있다.

인덱스(Index)라는 말은 지수(指數)를 가리킨다. 한국에는 코스피와 코스닥이, 미국에는 S&P500, 나스닥, 다우존스 등의 지수가 있다. 각 지수는 해당 그룹에 속한 기업들에 대해 일정한 기준에 따라 주가의 변동 폭을 수치로 바꾸는데, 이 수치가 바로 지수다. 우리나라의 종합주가지수 코스피는 1980년 1월 4일을 100으로 정하고 지금까지 이어져 오고 있다. 2024년 12월 기준 종합주가지수가 2500선을 기록하고 있으니 45년 동안 한국의 경제는 100에서 2500까지 대략 25배 성장했다고 볼 수 있다. 미국의 대표적인 주가지수인 S&P500 역시 이와 비슷하다. 미국에서 가장 큰 500여 개 회사의 주식값을 모두 합해 1941년~1943년의 모든 주식값과 비교해서 수치를 구한다.

● 코스피 = (현재의 시가총액 ÷ 기준 시점 시가총액) × 100 [기준 시점 1980년 1월 4일]
● S&P500 = (현재의 시가총액 ÷ 1941~1943년 평균 시가총액) × 10

수치를 구하는 방법은 꼭 알아둘 필요는 없다. 중요한 것은 지수(인덱스)가 전체 기업들의 움직임을 가리키는 수치라는 점이기 때문이다. 마치 평균 점수의 흐름을 보면 내가 공부를 잘하는지 못하는지 파악할 수 있는 것처럼 지수가 낮아진다는 것은 해당 국가의 전체적인 성적이 어떤지 알 수 있다.

인덱스펀드가 코스피 또는 S&P500에 속한 주식을 모조리 하나씩 사두었다고 가정해보자. 코스피를 하나씩 다 샀으면 코스피 인덱스펀드, S&P500 소속 주식을 모두 하나씩 샀다면 S&P500 인덱스펀드로 이름 붙여보자. 코스피가 어제 2500포인트에서 오늘 3000포인트가 된다면 개별 기업의 등락과는 상관없이 주식시장의 전체적인 성적표는 '20% 상승'한 것이므로 코스피 인덱스펀드는 20% 수익을 얻는다. 같은 방법으로 어제 S&P500 지수가 5000포인트였는데 오늘 6000포인트로 오른다면? 수익률은 20%다.

인덱스펀드는 매우 직관적이다. 펀드에 속한 개별 기업들의 움직임이 아닌 한국이나 미국의 전체적인 시장 흐름에 따라 수익과 손실이 결정되기 때문이다.

인덱스펀드를
추천하는 이유

첫 번째 이유는 수익률이다. 우리보다 훨씬 공부 많이 한 펀드매니저들이 열심히 노력하고 분석해서 주식투자를 대신해주는 것보다 그냥 주식 하나씩 사 모으는 인덱스펀드가 더 결과가 좋다. 조선일보에서 2018년 8월 8일 '인덱스펀드, 액티브펀드와 10년 대결서 압승'이라는 제목으로 펀드 수익률을 비교해 보도했다. 2007년부터 2017년까지 10년간 펀드 수익률 추이를 비교하면서 인덱스펀드의 상승세를 소개한 기사를 보자.

혼동을 피하기 위해, 잠시 용어 정리를 해보자. 인덱스펀드는 패시브펀드라고도 하는데, 인덱스는 지수라는 뜻을 가지고 있고 패시브(passive)는 수동적이라는 뜻을 가지고 있다. 지수를 수동적으로 따라가는 펀드 투자 스타일을 가지고 있기에 인덱스펀드는 패시브펀드라고도 한다. 인덱스펀드와 패시브펀드는 같다고 보면 된다.

다시 본론으로 돌아와서, 액티브펀드는 계속 아래에 있다. 능동적

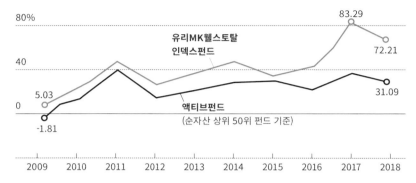

국내 액티브 vs 인덱스 주식형 펀드 수익률 추이

10년 수익률 대결에서 승리한 인덱스펀드
2008년 8월 1일 기준 각 연도 7월 말 기준 누적 수익률 비교

단위: %

80%

83.29

40

유리MK웰스토탈
인덱스펀드

72.21

5.03

액티브펀드
(순자산 상위 50위 펀드 기준)

31.09

0

-1.81

2009 2010 2011 2012 2013 2014 2015 2016 2017 2018

출처: 유리자산운용, 조선일보 https://biz.chosun.com/site/data/html_dir/2018/08/07/201808
0703969.html

으로 펀드매니저들이 이것저것 연구도 하고 자신만의 레시피로 주식을 찾아 투자한 결과라 할 수 있다. 위의 줄은 인덱스펀드로 무심하게 알아서 시장의 움직임대로만 따라가는 펀드다. 결과는 보시는 바와 같다. 액티브펀드에 비해 떨어질 땐 조금 떨어지고 오를 땐 더 많이 올랐다. 혹시 2017년이면 벌써 몇 년 전이냐, 작가 양반 인터넷 어제 개통한 거냐? 싶을까봐 자료를 조금 더 준비해보았다.

2019년부터 2023년까지 같은 방법으로 비교해본 결과, 여전히 인덱스펀드가 더 좋은 성적을 기록하고 있다. 그냥 단순하게 하나씩 사모으는 펀드라고 무시하면 안 된다.

두 번째 이유도 있다. 바로 가성비의 차이다. 일반적인 펀드에 들어가는 비용은 최소 연 1% 정도 된다. 우리를 위해 점심 굶으시는

정답은 인덱스펀드

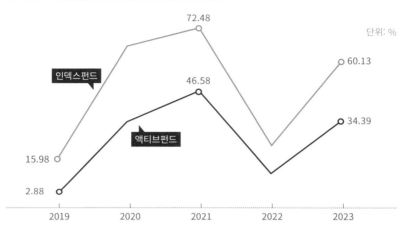

2019년~2023년 인덱스 및 액티브펀드 누적 수익률

72.48

단위: %

인덱스펀드

60.13

46.58

15.98

액티브펀드

34.39

2.88

2019   2020   2021   2022   2023

출처: 에프앤가이드, 한경 코리아마켓 https://www.hankyung.com/article/2024010429071

펀드매니저님들 인건비도 챙겨드려야 하기 때문이다. 혹시 외국에 투자하면 재간접이니 모자펀드다 하여 추가적인 비용도 든다. 이에 비해 인덱스펀드는 이러한 인건비가 거의 안 들어간다. 그냥 하나씩 사면 되니까. 실제 사례를 들어 비교해보자.

미래에셋디스커버리증권투자신탁5호(주식)를 보면 선취수수료 1%

국내   주식   종합주식   일반

미래에셋디스커버리증권투자신탁5호(주식)

종류A[수수료선취-오프라인]   ⌄   클래스 비교

기준가 25. 01. 17   ⊕   총보수 연   순자산   수익률 최근 3년 기준   위험등급

1,007.87 원   **1.6** %   **21,550** 백만원   -12.75 %

설정일 2008.03.25   벤치마크 KOSPI   클래스 순자산 18,944 백만원

에서 총보수는 1.6%다. 1억 원이라는 거금을 거치식으로 투자했을 때를 계산해보면, 1년간 거치식으로 투자한 경우 (별도의 수익은 없다고 가정) 선취수수료는 1%인 100만 원이고 보수는 1.6%인 160만 원으로, 총 260만 원을 수수료 및 보수로 지급한다. 조금 더 길게 투자해서 10년 했다고 가정해보자. 선취수수료는 1%인 100만 원으로 변함없다. 보수는 1.6%로 1년에 160만 원씩 10년간 1,600만 원이 들어 총 1,700만 원의 비용을 부담한다. 1억 원 투자해서 10년이면 1,700만 원이 순순하게 비용으로 나가게 되는 셈이다.

이제 인덱스펀드를 보자.

삼성인덱스프리미엄증권투자회사A 펀드를 보면 선취수수료 1%에 보수는 1년에 0.59%다. 계산해보면 1억 원을 1년 넣었을 때 총비용

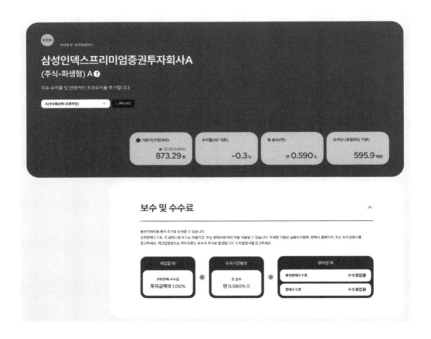

정답은 인덱스펀드

은 159만 원 = 100만 원(선취수수료 1%) + 59만 원(보수 0.59%)이다. 10년 하면 어떨까? 총비용은 690만 원으로 끝이다. 선취수수료 1%인 100만 원에 연 59만 원을 10년간 총 590만 원 지급하면 되기 때문이다. 같은 조건에서 일반 주식형펀드는 10년간 1,700만 원이 들고, 인덱스펀드는 690만 원이 들기 때문에 단순 비교하면 인덱스펀드는 10년간 1,000만 원 정도를 절약할 수 있다. 심지어 인덱스펀드는 웬만한 펀드보다 수익률이 좋기까지 하다. 수익률과 비용 가성비 측면에서 인덱스펀드가 우리에게 더 유리하다는 점을 확인하셨으리라 본다.

그래서
추천 ＿＿＿＿ 펀드는?

이제 답을 드릴 시간이다. 추천 펀드를 말씀드리도록 하겠다. 참고로 펀드들의 정식 명칭은 매우 길게 느껴질 텐데 작명법 역시 따로 설명드릴 예정이다.

추천 펀드 1

미국 S&P500지수 투자 펀드

신한미국S&P500인덱스증권자투자신탁(H)[주식-파생형](종류A-e)

신한자산운용의 펀드다. 이름에서 알 수 있듯 미국 S&P500에 투자하는 펀드다. 출시 당시 '업계 최저 수수료'를 마케팅 포인트로 잡았다. 그도 그럴 것이 거의 모든 곳에서 S&P500에 투자하는 펀드를 출시했다. 회사 이름만 빼고 모두 같은 상품을 팔고 있으니 '업계 최저 수수료'를 포인트로 잡을 수밖에 없는 상황이기도 하다.

추천 펀드 2

미국 나스닥 투자 펀드

KB스타미국나스닥100인덱스증권자투자신탁(주식-파생형)(H)(종류A-e)

KB자산운용의 펀드다. 미국 나스닥 회사 중에서 Top 100개에 투
자한다고 보면 된다. 미국 나스닥지수 역시 대부분의 금융회사에서
취급한다. KB의 장점은 특별히 없다. 굳이 메이드 인 KB일 필요없

펀드 작명법

예시) 신한미국S&P500인덱스증권자투자신탁(H)[주식-파생형](종류A-e)

● 신한
삼성, 미래에셋 등 제조사를 나타낸다. 일종의 원산지 표기라고 보면 된다.

● 미국S&P500인덱스
투자 대상을 가리킨다. 만일 나스닥지수를 따라가는 펀드라면
나스닥100인덱스로 표기된다.

● 증권자투자신탁
펀드의 정확한 명칭이 바로 '투자신탁'이다. 증권=주식이고, 자(子)는 엄마
펀드 등에 투자하는 자녀 펀드라고 보면 된다. 즉, 해당 펀드는 S&P500에
투자하는 별도의 펀드에 투자하는 펀드라는 뜻

● (H)
외국에 투자하는 펀드이므로 환율의 변동성 위험에 대비하기 위해 환
헤지(Hedge)를 한다는 뜻이다. 혹시 환 헤지 안 하는 경우에는 UH(Un
Hedge)로 표시한다.

● [주식-파생형]
주식에 직접투자하는 것이 아닌 지수와 같은 파생상품에 투자하는 것이라는
뜻이다.

● (종류A-e)
수수료 체계를 가리킨다. 앞부분의 A는 선취수수료 있음이고 뒤의 e는 인터넷
전용 가입상품이라는 뜻이다. 참고로 수수료 관련해서는 A=선취수수료 있음,
B=후취수수료 있음, C=선취, 후취수수료 없으나 나중에 환매수수료 있음
이렇게 구분된다.

그래서 추천 펀드는?

다. 앞서 신한 S&P500을 추천했으니 일부러 다른 회사를 골라 드렸다. 둘 중 하나만 하시라는 속뜻이 담겨 있다. 게다가 직장인의 고마운 친구인 ISA 계좌를 통한다면 하나로 통합해서 관리할 수 있으니 굳이 같은 회사의 상품을 고를 필요는 없다고 판단했다.

출처: KB자산운용 홈페이지 https://www.kbam.co.kr/fundSearch/
fundDetail?fundCd=2Z33

결론이다. 재테크 목적이라면 당분간 앞서 추천드린 2개의 펀드로
도 충분하다. 내공이 쌓이고 더 많은 투자를 하고 싶어진다면 그때
는 굳이 필자의 추천이나 설명 없이도 좋은 펀드를 잘 고르실 수 있
을 것이다. 오해를 미리 풀자면, 앞서 소개드린 펀드 빼고 나머지는
모두 나쁜 펀드라는 것이 아니다. 당연하게도 필자는 소개드린 펀드
의 판매가 늘어나는 것과 전혀 관련 없다. 즉, 앞광고, 뒷광고 아니
다. 안심하고 투자하셔도 된다.

Tip

나스닥 전체가 아닌 나스닥100으로 하는 이유

나스닥에 등록된 기업은 2024년 8월 말 기준 3,300개가 넘는다. 이 모든 회사를 다 신경 쓰려면 사람도 그렇고 컴퓨터 역시 과부하 걸릴 수 있다. 상위 100개만으로도 충분히 나스닥의 움직임을 반영할 수 있으니 굳이 3,000개 넘는 회사를 다 관리할 것 없이 간략하게 상위 100개에만 투자하고 관리한다.

PART 05

ETF

ETF _____ 투자의
기본 _____ 원리

　상장지수펀드(ETF·Exchange Traded Fund) 투자는 '모둠 회'라고 생각하면 이해하기 쉽다. 주식투자를 할 때 한두 개 종목을 선택해 투자하려면 리스크도 걱정되고, 혹시 내가 산 것만 떨어지지 않을까 걱정할 수 있는데 ETF는 이러한 걱정을 덜어주는 상품이기 때문이다. 마치 횟집에서 모둠 회를 시키면 크게 실패하지 않는 것과 비슷하다. 물론 한두 개 어종을 특별히 좋아해서 그것만 찾을 수도 있겠지만 말이다. ETF에 대해 간략하게 설명드리고 난 후 어떤 ETF가 당신의 재테크에 도움이 될지 말씀드리고자 한다.

ETF의
기본 원리

　ETF는 인덱스펀드와 매우 비슷한 상품이다. 인덱스펀드가 한국 코스피지수, 미국 S&P500지수 등에 투자해 지수들의 움직임을 따라가는 것과 마찬가지로 ETF 역시 코스피지수, 미국 S&P500지수의 움직임에 따라 수익과 손실이 결정된다. 기본적인 원리는 인덱스펀드와 ETF가 크게 다르지 않다. 다른 점은 인덱스펀드는 '펀드'이고

ETF는 '주식'이라는 것. 즉, 인덱스펀드는 펀드의 운용 원리에 따라 선취수수료, 유지비 등 비용이 들고, 나중에 환매하려면 환매수수료도 발생한다. 이에 비해 ETF는 주식 형태이기 때문에 따로 유지비용이 들어가거나 환매수수료가 들어가지 않는다.

단순하게 보면, 코스피가 2000일 때 ETF에 투자했다면 코스피가 2200으로 10% 상승했을 때 ETF 역시 코스피 상승분과 동일한 10%의 수익을 얻게 된다. 개별종목이 상한가 또는 하한가를 기록했는지는 중요하지 않다. 오로지 평균만 보는 것이다. 즉, 개별종목이 아닌 전체 평균 점수의 움직임이 ETF의 수익률이 되는 것이다

ETF의

종류

ETF는 투자 방법이 간단하지만 그 종류는 간단하지 않다. 무언가 지수를 따라가도록 상품을 설계하면 되기 때문에 코스피를 따르게 하거나 코스피 중에서 우량 종목 200개, 300개를 따라가게 하는 식으로 얼마든 변형이 가능하기 때문이다. 라면을 생각해보자. 물을 끓이고 면을 넣어 먹는 간단한 요리법이지만 어떤 스프냐에 따라 맛이 달라지지 않던가. ETF도 비슷하다. 어떤 지수를 따라가도록 설계하느냐에 따라 펀드의 성격이 달라지게 된다. 심지어 어떤 ETF는 인버스라 하여 추종하는 지수가 하락해야 수익을 얻기도 한다. 대표적인 몇 개의 ETF 구성을 살펴보도록 하자.

1 시장지수 ETF

일반적인 지수를 따라가는 가장 기본적인 ETF라 할 수 있다. 각 자산운용회사에서 코스피 혹은 코스닥에서 대표 종목을 200개 또는 300개 묶어서 ETF로 만드는데 이름에 힌트가 숨어 있다. 코스피를 따라가거나 S&P500지수, 나스닥지수 등에 연결되는 ETF들이다. 갑자기 코스피가 반토막이 될 가능성은 적다. 지수 자체가 크게 흔들림이 없기 때문에 처음 ETF 입문자들에게는 시장지수 ETF가 적당하다.

2 스타일 인덱스 ETF

일반적인 지수로는 만족하기 어려운 투자자들이 있다. 코스피 내에서도 잘 되는 분야가 있고 안 되는 분야가 있기 때문이다. 미국도 마찬가지다. 그냥 코스피 또는 S&P500을 따라가는 것보다는 일정 분야의 주식들을 모아서 투자하는 ETF 상품이 있다. 예를 들어 이차전지가 앞으로 잘 나갈 것 같으면 이차전지 주식들을 모아서 지수로 만들어 투자하는 이차전지 ETF가 있을 수 있고, 전기차가 잘 나갈 것 같으면 전기차 관련 회사들로 지수를 만드는 전기차 ETF가 있을 수 있다. 예를 들면 미래에셋에서는 대형 가치주를 모아서 투자하는 TIGER대형가치주 ETF가 있고, 삼성에는 성장주 지수에 투자하는 KODEX성장가치 ETF가 있다.

3 리버스형 ETF

보통의 ETF 상품은 투자한 지수들이 상승하면 그에 따라 수익을

　　　　　　　　　　　　　　　　　　ETF 투자의 기본 원리

보는 방식으로 상품이 구성되는데, 리버스 인덱스형 ETF는 이와 반대로 추종하는 지수가 하락하면 수익이 발생하도록 설계된다. 리버스라는 단어가 '거꾸로'라는 뜻이라는 점을 참고하면 상품의 손익 구조를 쉽게 이해할 수 있을 것이다. 지수가 올라가면 손해를 보고 지수가 내려가면 수익을 보는 일반적인 ETF와는 거꾸로 가는 손익 구조인 것이다.

미래에셋의 TIGER인버스ETF라는 상품은 코스피200지수에 대해 음의 1배수와 연동되도록 설계됐다. 즉, 코스피200지수가 10% 하락하면 오히려 10%의 수익을 얻게 설계된 상품이다. 코스피지수가 하락할수록 수익을 얻는 상품이라는 점을 처음에는 쉽게 납득하기 어렵다. 지수가 하락하는데 오히려 수익을 본다고 좋아하는 상황이 되니 말이다.

시장지수가 앞으로 무한정 오르기만 할 것 같지는 않을 때 해볼 법한 상품이기는 하다. 문제는 우리의 안목과 경험이 코스피나 S&P500의 상승이나 하락을 예측할 만한 정도의 깊이가 아니라는 것. 함부로 손대면 남들 웃을 때 혼자 울어야 하는 상품이다.

4 레버리지형 ETF

지금까지 설명했던 ETF는 추종하는 지수와 1:1의 대응을 기본으로 설정되었는데 레버리지형은 추종하는 지수의 움직임에 대해 2배 또는 3배의 수익이나 손실이 발생하도록 한 상품이다. 즉, 지금까지의 ETF는 코스피지수가 10% 상승하면 10% 수익을 얻거나 리버스 ETF의 경우에는 10% 손실을 보는 구조다. 반면 KODEX200레버리지 ETF는 2배로 움직인다. 추종하는 지수가 10% 오른다면 수익은 2배인 20%이고 반대로 10% 하락하면 −20%의 손실을 보는 상품이다.

5 실물자산형 ETF

코스피나 코스닥처럼 지수를 추종하는 것에서 변화해 실물자산의 가격을 추종하는 ETF를 가리킨다. KODEX골드선물(H)를 보면 미국상품거래소에 상장된 금 선물 가격을 기준으로 산출된 S&P GSCI GOLD Total Return 지수를 추종한다고 한다. 즉, 금값에 연동된다고 보면 된다. (H)는 헤지했다는 뜻으로 환율의 영향 없이 최대한 실물자산 가격의 변동 자체만 추종한다는 뜻이다.

이걸로 끝이 아니다. 변형 기출문제처럼, 실물자산에 대해 다시 리버스형이 추가되어 금·원유와 같은 실물자산의 가격이 내려가야 수익을 볼 수 있도록 ETF 상품이 설계되기도 하고 레버리지가 붙어 움직이는 등락 폭의 2배, 3배에 달하는 수익이나 손실을 얻을 수 있도록 상품이 구성되기도 한다. 듣기만 해도 엄청난 리스크와 변동성이 느껴지는 설명이다.

6 기타 유형 − 해외 지수, 채권, 통화(달러), 부동산

ETF에 연결시키는 것이 꼭 지수가 아닌 채권이나 달러화 또는 부동산인 경우도 있고 국내 지수뿐 아니라 미국이나 중국의 해외 지수인 경우도 있다.

ETF _____ 투자의
매력

최근의 상황을 보면 ETF가 투자 대세로 자리매김했음을 볼 수 있다. 몇 년 전까지만 해도 국내 상품은 단순하게 코스피, S&P500 등 덩치 큰 지수만 따라가는 형태가 많았는데 이제 국내 업체들이 스스로 이것저것 주식시장의 영역을 구분해서 '헬스·바이오', '이차전지', '전기수소차' 등으로 세부적인 지수와 연결되는 ETF를 출시하고 있다. ETF가 이렇게 대세가 된 이유를 간단하게 살펴보도록 하자.

ETF의 최대 장점,
제로는 없다

학교 시험 볼 때 모든 과목을 잘 보면 좋겠지만 불행히도 한두 과목은 당연히 못 본다. 국어, 영어는 잘 봤는데 수학을 못 본다거나 하는 것이다. 만일 개별종목을 투자한다면 내가 투자하는 모든 종목이 국어, 영어처럼 결과가 좋으리라는 법이 없다. 우연히도 내 투자 포트폴리오의 모든 종목이 수학처럼 망할 수도 있다. ETF는 평균점수에 연결되기 때문에 전 과목 중에서 한두 과목 성적이 나쁘더라도 타격은 덜하다.

바로 이것이 ETF의 장점이라 할 수 있는데 개별종목들은 망할 수도 있지만 ETF는 망하지 않는다는 것. 이론적으로 ETF가 제로가된다면 우리나라의 모든 주식이 망해야 한다.

ETF의 또 다른 장점,

유지비가 적다

ETF는 수수료와 보수가 비교적 낮은 편이다. 연간 유지비용이 대략 0.5% 내외라고 보면 된다. 1억 원을 투자한다 해도 연간 50만 원선에서 유지비가 해결된다. 아래 표는 미국 S&P500지수에 투자하는 상품의 총수수료율을 정리한 내용이다. 연간 0.2~0.4%의 수수료가 발생하는 것을 볼 수 있다.

자산운용사별 미국 S&P500 ETF 수수료 구조

상장일	자산운용사	ETF 종목	총보수 (A)	기타 비용 (B)	매매 중개수수료 (C)	숨겨진 수수료 (B+C)	총수수료율 (A+B+B)
2022. 11. 23	미래에셋 자산운용	TIGER미국 S&P500TR	0.070	0.22	0.1569	0.3769	0.4469
2020. 08. 06	미래에셋 자산운용	TIGER미국 S&P500	0.070	0.07	0.0339	0.1039	0.1739
2021. 04. 07	삼성 자산운용	KODEX미국 S&P500TR	0.050	0.09	0.0390	0.1290	0.1790
2022. 11. 30	삼성 자산운용	KODEX미국 S&P500(H)	0.050	0.10	0.1020	0.2020	0.2520
2022. 06. 17	신한 자산운용	SOL미국 S&P500	0.050	0.17	0.1849	0.3549	0.4049

출처 : https://www.sisajournal-e.com/news/articleView.html?idxno=300302

ETF 투자의 매력

ETF의 놀라운 장점은 자유롭게 지수를 응용해서 새롭게 상품을 구성할 수 있다는 점이다. 기본적으로는 코스피를 기반으로 코스피의 움직임을 그대로 따라가는 ETF가 있고 코스피 중에서 100개 종목, 150개 종목, 200개 종목을 따로 간추려서 구성한 ETF도 있다. 집중적으로 반도체, 자동차 등 일부 업종들만 별도로 선별할 수도 있고 가치 투자, 성장 투자 등 테마를 구성할 수도 있다. 굳이 주식 종목이 아닌 원유 가격, 구리 가격 심지어 농산물 가격에도 연결시키는 ETF 상품도 있다. 상품은 이걸로 끝이 아니다. 심지어 수익률 대응이 1:1이 아닌 1:2로 움직이게 만들어놓은 레버리지 상품도 있고, 수익률이 반대로 움직이도록 한 인버스 상품도 있다. 입맛대로 자유롭게 골라 선택할 수 있다.

핵심은 이렇다. 개별종목이 아닌 종목의 묶음에 수익을 연결시켜놓은 상품이라는 점. 종목의 묶음을 아주 자유롭게 해서 투자 취향에 맞게 선택할 수 있고 심지어 '앞으로 주식시장이 하락할 것 같아'라는 느낌이 들 때 하락에 베팅해볼 수 있기도 한 것이다.

정리해보자. 주식투자가 처음이라 어느 종목에 투자하면 좋을지 잘 모르겠다면 ETF 선택이 정답이다. 개별 회사가 아닌 전체의 움직임에 투자할 수 있기 때문이다. 주식투자에서 경험이 많은 고수들 역시 ETF를 사랑한다. 사고팔 때 유지비가 적게 들고, 지수 움직임의 2배, 3배 또는 아예 반대로 움직이는 상품들도 있기 때문이다. 초보도, 고수도 모두가 사랑할 수밖에 없는 상품이 바로 ETF다.

나에게 _____ 맞는
ETF _____ 고르는 법

투자의 안정성과 리스크관리 측면에서 인덱스펀드와 ETF 상품, 둘 중 어느 것을 골라야 할지 처음에 고민하게 된다. 둘 중 어느 것을 고르냐 하는 고민에서 반드시 이것을 해야 한다는 정답은 없다. 당신의 성격과 스타일이 어떤지가 판단의 기준이 된다.

굳은 결심,

MBTI T 유형을 위한 추천 ETF

당신의 성격이, 시장 상황이 어떻게 변한다 해도 이성적으로 상황을 판단하고, 처음의 굳은 결심을 유지할 수 있는 강인한 스타일이라면 ETF가 어울린다. 혹시라도 내려가면 어쩌지? 지금 상황 안 좋은데 잠깐 쉴까? 등과 같은 유혹에 굴복하지 않고 처음의 결심대로 '매월 얼마씩 꾸준히 하겠다' 하는 계획을 밀고 나갈 수 있는 분들에게 적당하다.

커뮤니티를 보면 'T발놈'이라는 과격한 말도 있던데, 투자에 있어서는 ETF 하기에 적당한 유형이다. 처음 시작부터 마무리까지 차가운 이성의 힘으로 투자를 유지할 수 있기 때문이다.

1 TIGER미국S&P500

한국의 미래에셋에서 운용하는 ETF다. 미국 S&P500지수의 움직임에 맞춰 수익과 손실이 결정되는 상품이다. 많고 많은 상품 중에서 S&P500지수를 추천하는 것은 한국보다는 미국 시장의 상승률이 더 좋을 것이라는 예측을 기반으로 하고 있다.

혹시 '이왕이면 미국 본토에 직접 투자하는 SPY ETF(정식 명칭: SPDR S&P500 Trust ETF)를 해도 되지 않느냐 생각하실 텐데, 맞는 말씀이다. 다만 가격 차이를 보면 2025년 1월 1일 기준 한국의 ETF는 1주에 2만 2,000원 정도이고 미국 본토 ETF는 한 주에 586달러(82만 원, 환율 1,400원 가정)이다. 투자의 워밍업 과정에서 100만 원 가까운 주식을 가지고 있다는 것은 심리적으로 영향을 받을 수 있기에 50만 원으로 대략 20주 넘게 살 수 있는 ETF가 사회 초년생에게는 적당하다.

2 KODEX미국나스닥100(H)

삼성에서 운용하는 미국 나스닥시장 대표 주 100개의 지수를 따라가는 ETF다. 3,000개 넘는 나스닥 소속 기업 중에서 대표 100개만 뽑으면 나스닥의 움직임과 크게 차이가 없기 때문에 100개만 선별한다. 추천드리는 이유는 앞서 미국 S&P500과 유사하다. 가격은 삼성 것이 2만 1,000원 수준이고 미국 현지 ETF인 QQQ(정식 명칭: Invesco QQQ Trust, Series 1)가 511달러(72만 원, 환율 1,400원 기준)다.

시장 상황 따라 기분이 업&다운된다면 인덱스펀드를 하는 것이 더 좋은 선택이다. 시장 상황이 나빠졌을 때 '투자를 멈출까?', '한 박자 쉬었다 가야 하나?' 하는 고민들이 많이 생기기 때문이다. 인덱스펀드는 환매하고 해지하기에 '좀 아깝다'는 생각이 들게 하는 속성이 있다. 장점이자 단점이라 할 수 있다. 지금까지 수수료 납부하고, 유지비 나간 것들이 아까워서 쉽게 투자를 멈추도록 하지 않게 해준다. 오히려 '내가 오를 때까지 꼭 가지고 간다' 하는 오기가 생긴다. 혹시 자신을 판단할 때 이성보다 감성적인 면에 많이 영향을 받는다면 ETF보다는 인덱스펀드가 당신에게 더 도움이 될 것이다.

1 신한미국S&P500인덱스 펀드

앞서 펀드 파트에서 설명하고 추천했던 인덱스펀드다. 수수료가 낮은 편이기는 하지만 그래도 선취판매수수료 + 총보수(유지비) + 환매 수수료 등을 감안하면 펀드 투자를 멈추고 싶다가도 오기가 생길 것이다.

2 KB스타미국나스닥100인덱스 펀드

마찬가지로 펀드 파트에서 추천했던 인덱스펀드다. S&P500지수, 나스닥지수가 어느 하나만 갑자기 오른다거나 하지는 않으므로 2개의 인덱스펀드는 크게 차이가 없을 것이다. 내가 애플 유저라면 나스닥인덱스펀드에 투자해보는 것을 추천한다.

물론 앞에서 소개한 ETF, 인덱스펀드 외에도 훨씬 수익률이 좋고, 더 많은 보람을 투자자에게 가져다줄 상품은 얼마든지 있다. 그럼에도 기초적이고 심지어 심심해 보이기까지 한 상품을 추천하는 것은 '투자 맛집'으로 계속 명성을 이어오는 지수이고 상품이기 때문이다. 나중에 경험치 쌓이고 고수의 향기를 낼 수 있을 때가 된다면 미국이나 한국에서 투자 섹터별로 나누거나 과감하게 인버스, 레버리지와 같은 '묻고 더블로 가' 하는 상품들도 하시게 될 것이다. 그전까지는 부디 초보 운전자의 조심스러운 마음으로 조금씩 투자 생활을 시작해보시기 바란다.

ELS? DLS? ＿＿＿＿ 3글자 상품 ＿＿＿＿ 총정리

금융상품을 보면 직관적으로 이해하기 어려운 상품들이 있다. 대표적인 것이 ELS, ELD 등 3글자 상품들이라 할 수 있는데, 글자만 놓고 보면 어떤 상품인지 쉽게 예측하기 어렵다. 물론 ETF도 쉽게 예측하기는 어려운 상품이다. 이 기회를 통해 3글자 상품을 미리 정리해서 혼동하지 않도록 하자.

ELS·Equity-Linked Securities
주가연계증권

ELS는 좀 독특한 상품이다. 일정 부분까지 하락해도 수익률이 방어되기 때문이다. 풀어보자면 ELS는 '삼성전자와 현대자동차 두 회사의 주가가 80% 아래로 떨어지지 않으면 연 10%의 수익을 드립니다' 하는 상품이다. 그냥 삼성전자와 현대자동차 주식을 직접 사서 가지고 있다면 주가가 10% 하락하면 당연히 10%의 손해를 보는데, ELS는 주가가 10% 떨어졌는데도 수익을 연 10% 본다. 즉, 주식가격, 주가지수 등을 기초자산이라 하는데, 이러한 기초자산이 떨어져도 어느 정도까지는 버텨준다는 장점이 있다. ELS는 세련된 복불복이라 할 수 있는 것이다.

복불복 1. 삼성전자, 현대자동차 주가가 20% 이상 하락만 하지 않으면 연 10% 수익 드려요.

복불복 2. 코스피지수, 코스닥지수가 30% 이상 하락만 하지 않으면 연 15% 수익 드려요.

복불복 3. 코스닥지수, 나스닥지수가 20% 이상 하락만 하지 않으면 연 8% 수익 드려요.

어떠신가? 감이 좀 오시리라 본다. 2개 혹은 3개를 정해놓고 몇 % 이상 떨어지지만 않으면 일정 %의 수익을 준다는 내용이다. 실제 ELS 상품을 기준으로 다음 페이지의 그래프를 해석해보자.

해당 상품은 3개의 지수를 기초자산으로 잡았다. 유럽 증시, 중국 증시, 일본 증시를 대표하는 유로스톡스50(EURO STOXX50), 홍콩H(HSCEI), 니케이225(NIKKEI225), 이렇게 3개의 지수를 기초자산으로 놓고 이 자산들이 일정 범위(65~90%)까지 가격을 유지하면 즉, 10~35%의 하락 범위를 넘지 않게 하락하면 수익을 지급하는 상품이다.

2019년 4월에 시작하는 가격을 기준으로 매 6개월마다 점검을 해서, 6개월 차에는 10% 하락하지 않으면 2.4%의 수익을 지급한 뒤 조기상환(최종 정산)하고 상품은 종료된다. 혹시 10% 이상 하락해서 조기상환 조건을 충족하지 못하면 1년이 지나 12개월 차에 다시 점검해서 지수들이 하나라도 90% 이상 하락하지 않았다면 4.8%의

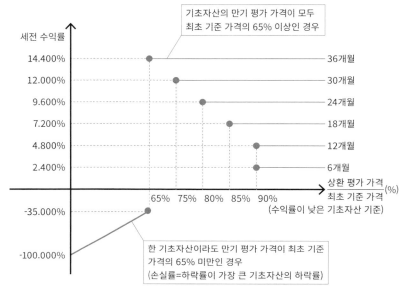

신한금융투자 공모 ELS 17142호(원금비보장) 수익 구조

세전 수익률

기초자산의 만기 평가 가격이 모두
최초 기준 가격의 65% 이상인 경우

14.400% ----------------●--------------------- 36개월
12.000% ------------------●------------------- 30개월
9.600% --------------------●----------------- 24개월
7.200% ----------------------●--------------- 18개월
4.800% ------------------------●------------- 12개월
2.400% ------------------------●------------- 6개월

상환 평가 가격
최초 기준 가격 (%)
(수익률이 낮은 기초자산 기준)

65% 75% 80% 85% 90%

-35.000% ----●

한 기초자산이라도 만기 평가 가격이 최초 기준
가격의 65% 미만인 경우
(손실률=하락률이 가장 큰 기초자산의 하락률)

-100.000%

출처: 신한금융투자

수익을 지급하고 조기상환한다. 이런 식으로 매 6개월마다 '패자부
활전'의 기회를 얻어 최종적으로 36개월 차에 최초 기준 가격 대비
35% 이상 하락하지 않았다면 총 14.4%의 수익을 지급하고 최종 정
산한다.

　그래프의 오른쪽에 6개월, 12개월 … 36개월과 90%, 85% …
65%가 바로 이 내용을 표현한 것이다. 왼쪽의 2.4%, 4,8% …
14.4%는 각각의 시기별로 정산하는 수익률을 나타낸 것이다. 연
간 4.8%이니 6개월엔 절반인 2.4%, 24개월은 연간 4.8%의 2배인
9.6가 된다.

이렇게까지 매 6개월마다 다시 패자부활전을 계속했음에도 허용된 범위를 넘어 지수가 하락한다면? 지옥이 기다리고 있다. 그럼 왼쪽 비스듬하게 그려진 직선이 지옥으로 가는 안내선인 셈이다. 해당 상품은 지수들의 움직임이 65%를 지키지 못한 경우, 다시 말해 마이너스 35% 이상 하락한 경우 하락한 지수만큼 그에 정비례해서 손실을 본다는 뜻이다. 3개 중 하나라도 만기 평가 금액이 최초 기준 가격의 65% 미만인 경우를 가정해보자. 니케이225지수를 보니 시작할 땐 21000포인트였지만 3년 후엔 10500포인트로 반토막 났다고 하면, 손실은 50%가 된다. 심한 경우 원금 전액 손실도 되는 무서운 상품이 ELS인 것이다.

ELS는 저수지 같은 상품이라 보면 된다. 저수지가 어느 정도까지는 물을 담아둘 수 있지만 더 심한 폭우에는 견디지 못하고 홍수를 일으키듯, ELS는 주가지수 또는 주가 수준이 어느 정도의 움직임을 보일 때까지는 수익률을 잘 지켜주다가 범위 밖으로 하락하게 되면 견디지 못하고 손실을 일으키기 때문이다.

게다가 연 5% 미만의 수익을 얻기 위해 매 6개월마다 마음 졸이며 기초자산의 움직임을 봐야 하는 스트레스도 상당하다. ELS는 미안하지만 내 육식 재테크 후보에서 탈락이다.

DLS · Derivative−Linked Securities
파생결합증권

ELS 상품은 주가지수 또는 주식가격을 기초자산으로 한다. 똑똑한 월스트리트 금융가들은 '꼭 주식으로만 해야 하나?' 생각했고 금값, 석유값은 물론이고 심지어 금리의 움직임까지 기초자산으로 하는 상품을 개발했다. 바로 파생결합증권이 탄생하는 순간이다. 뭐든 숫자로 기록할 수 있는 것이라면 '가격이 빠질까요? 안 빠질까요?'의 내기를 하는 상품으로 만들어버린 것이다. 정리하자면 ELS는 주가와 연계된 내기인 것이고, DLS는 원자재와 연결된 내기라고 보면 된다.

2019년 가을, 일명 우리은행 DLS 사태가 사회적 문제가 된 적이 있다. 판매 창구에서는 '하늘이 무너져도 원금이 지켜지는 DLS니까 안심하세요' 했던 상품인데, 나중에 결과를 보니 원금 전액 손실이 발생했기 때문이다. 구조는 간단했다. 독일 국채를 기준으로 0.2% 이상 하락하지만 않으면 연 4%를 지급하는 구조였다.

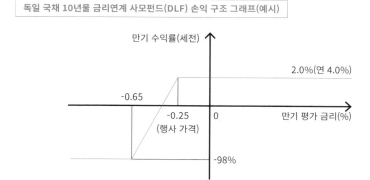

독일 국채 10년물 금리연계 사모펀드(DLF) 손익 구조 그래프(예시)

출처: 금융감독원

독일 같은 선진국이 국채 금리를 함부로 바꾸지는 않을 거라는 믿음을 가졌던 것이 화근이었다. 수많은 DLS 투자자들의 기대와는 달리 국채 금리를 함부로 내려버렸기 때문이다.

ELS? DLS? 3글자 상품 총정리

독일 10년 만기 국채 금리 추이

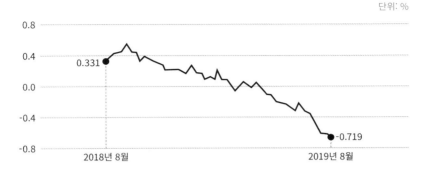

단위: %

0.331

-0.719

2018년 8월   2019년 8월

1년 만에 0.3%에서 마이너스 0.7%로 내렸으니 1% 가까이 금리가 내려간 셈이다. 결국 이 상품은 투자 금액 전액 손실이라는 결과로 이어졌고, 투자자와 금융상품 판매회사와의 공방 끝에 금융회사가 손실을 일부 보전해주는 것으로 결론 났다.

DLS 상품을 보면 얻는 것은 연 5% 내외인데 잃을 것은 마이너스 100%다. 내 투자 바구니에 넣어야 할까? 답은 각자 다를 수 있지만 ELS와 마찬가지로 DLS도 내 투자상품 후보에는 들기 힘들다.

DLF·Derivative-Linked Fund

파생결합펀드

DLS 상품에 투자하는 펀드다. 펀드란 모름지기 주식, 채권 등에 투자하는 것이 본질 아니겠는가. DLF는 괜찮다 싶은 DLS에 투자하는 펀드다. 펀드 수수료 따로 DLS 수수료 따로. 이중으로 수수료 내야 하는 마음에 안 드는 펀드라 할 수 있다.

ELD·Equity-Linked Deposit

주가연계예금

ELD는 약간 독특한 상품이다. 원금 보장이 되기 때문이다. 심지어 예금자보호법의 적용을 받아 최고 5,000만 원까지의 원금과 이자를 보호받는 상품이기도 하다. 와우!

더 놀라기 전에 상품 구조를 따져보도록 하자. 100만 원의 예금을 연 2%의 이자율로 은행에 넣으면 1년 후에는 100만 원의 원금 + 2만 원의 이자를 합쳐 총 102만 원을 얻게 된다. ELD는 2만 원의 이자를 미리 당겨서 마음껏 투자하는 상품이다. 즉, 이자로 받을 금액을 미리 굴려서 투자 성과가 아주 좋으면 고객님들에게 원래의 102만 원보다 조금 더 생색내며 103만 원이나 104만 원을 돌려줄 수 있고, 혹시 투자 성과가 아주 나빠 전액 손실이 난다 해도 이자 받을 금액만 없어진 것이니 원금 100만 원은 고객님께 '원금보장형입니다' 하면서 돌려줄 수 있는 상품이다. 이 상품의 가장 큰 장점은 원금보장이고 가장 큰 단점은 '깔짝깔짝'이다. 안타를 치기 위해 크게 방망이를 휘두르는 게 아니라 번트만 살짝 노리는 상품이라 할 수 있다. 투자 바구니에 넣어야 할까? 그렇지 않다는 것이 필자의 의견이다.

ELS? DLS? 3글자 상품 총정리

PART 06

직장인 필수 통장 3종 세트

직장인 _____ 필수 통장
3종 세트 _____ 개요

직장인의 재테크는 투자상품 자체의 수익도 중요하지만 연말정산도 감안해야 한다. 아래에 설명할 상품은 수익과 절세 측면에서 직장인에게 상당히 유리하게 설계돼 있는 고마운 상품이다. 우선 간략하게 살펴보고 각 통장별로 자세한 설명을 이어나가도록 한다.

필수 통장 1.

ISA

개인종합자산관리계좌(ISA·Individual Savings Account)는 하나의 계좌로 다양한 금융상품을 통합 관리하는 통장이다. 즉, 은행의 예금, 적금이나 펀드, 주식 등에 투자하는 종합통장이라 볼 수 있다. 계좌 하나로 다 관리할 수 있다는 편리함에 더해 ISA가 가진 강점은 손익통산과 비과세 혜택이다(손익통산과 비과세 혜택에 대한 자세한 설명은 다음 장에 있다). 유일한 단점은 해외 주식에 대한 직접투자는 안 된다는 것. 즉, 애플이나 엔비디아를 직접 사서 투자하고 싶다면 따로 계좌를 개설해야 한다. 나머지는 ISA 통장 하나로 모두 관리할 수 있다.

ISA 계좌는 직장인뿐 아니라 자영업자도 가입이 가능하다. 본인뿐 아니라 가족들에게도 권해보시기 바란다.

필수 통장 2.

IRP 또는 연금저축펀드

개인형퇴직연금(IRP·Individual Retirement Pension)은 퇴직금 관리 통장이라 보면 된다. 직장인들은 입사하면서 DB/DC 등 퇴직연금에 가입하게 되는데 IRP는 이와 같은 퇴직연금을 관리하는 통장이다. 사회생활을 시작하면서 한 직장에서 은퇴를 맞을 때까지 근무하던 시절에는 전혀 필요 없었던 통장이지만 최근 흐름은 2~3년에 한 번씩 직장을 옮기는 경우가 많기 때문에 IRP 통장은 필수가 되었다.

한편 연금저축이라는 상품이 있는데 IRP와 매우 유사하다. 노후 자금을 준비하기 위한 상품으로, 취급하는 회사에 따라 연금저축신탁(은행, 현재 가입 불가), 연금저축보험(보험사), 연금저축펀드(증권사)로 명칭이 달라진다.

투자자의 성향에 따라 주식, ETF로 100%를 채워서 노후 자금을 준비하고 싶다면 연금저축펀드가 정답이고 '그래도 안전하게 예금도 있으면 좋겠다'하는 경우라면 IRP가 정답이다. 포트폴리오 구성의 차이 때문인데 잠시 후에 설명드린다.

청약저축은 기본적으로 아파트를 분양받고 싶을 때 사용한다. 문제는 청약저축 가입자가 너무 많다는 것. 2024년 기준 청약저축 가입자는 총 2,500만 명을 넘었고 이 중 1순위 가입자 수는 1,600만 명을 넘었다. 우리나라 인구의 1/3 정도가 1순위 자격자들인 셈이다. 현실적으로 청약저축을 통해 아파트 분양받는 것은 남의 일이라 할 수 있다. 그럼에도 직장인의 필수 통장인 이유는 연말정산의 소득공제 기능이 있기 때문이다. 청약저축은 아파트 당첨 가능성과는 별개로 연말정산용 상품이라 보면 된다.

ISA, _____ 유용한 투자용 _____ 통장

ISA 통장은 통장 하나로 예금, 적금, 펀드, 주식, ETF를 모두 관리할 수 있는 통장이다. 하나의 통장으로 통합되어 있기에 '손익통산'이라는 고마운 혜택이 있다. 여기에 더해 비과세 혜택도 얻을 수 있는 아주 좋은 재테크 통장이다.

손익통산 기능

ISA 통장을 거치지 않고 500만 원씩 주식과 펀드를 개별 통장으로 투자했다고 가정해보자. 그 결과 주식에서는 100만 원의 손실을 봤고 펀드는 100만 원의 수익을 봤다면 투자자 입장에서는 얻은 것도 잃은 것도 없는 수익, 손실 각 제로가 되지만 세금은 그렇지 않다. '투자자님! 펀드에서 100만 원 수익 보셨네요. 세금 내세요'가 된다. 투자자 입장에서는 억울할 수밖에 없다. ISA는 이와 같은 억울한 상황이 생기지 않도록 손익통산을 한다.

즉, 앞선 상황에서 ISA 통장을 통해 투자했다면 '투자자님! 플러스, 마이너스 제로니까 따로 세금은 내실 것 없습니다'가 된다.

ISA를 통해 여러 가지 상품에 투자할 수 있기 때문에 어떤 투자는 수익이 나고 또 어떤 투자는 손실을 보게 된다. 손익통산은 각각의 상품들에 대해 플러스, 마이너스를 계산해서 전체적으로 수익을 봤는지 손실을 봤는지를 계산한다. 여기서 이어지는 혜택이 바로 비과세다. 수익을 봤을 때 세금이 붙지 않게 해준다.

비과세
혜택

기본 비과세 한도는 200만 원이고 서민 또는 농어민형 특별 비과세 한도는 400만 원이다. 즉, 주식, 펀드 등으로 얻는 수익에 대해 200만 원까지 세금이 부과되지 않는다는 것. 은행의 예금이나 적금만 해도 이자에 대해 15.4%의 세금이 붙는데 이런 것들을 모조리 비과세로 처리해준다. 혹시 수익이 200만 원 넘으면 세금이 어떻게 되는지 궁금할텐데 분리과세라 해 수익의 9.9%만 세금 납부 의무가 생긴다. 세금에 대해서는 깊이 들어가면 오히려 머리가 복잡해지므로 일단 '비과세 한도를 넘어도 세금은 싸게 먹힌다' 정도로 이해하면 된다.

ISA 통장의
종류

여기까지는 ISA 통장이 가진 장점들이다. 문제는 ISA 통장이 3가지 종류가 있기 때문에 하나를 선택해야 한다는 것. 예를 들면 '난 ISA 계좌를 통해 주식에 투자하겠다' 하는 투자자는 ISA 계좌를 통

ISA, 유용한 투자용 통장

해 예금을 할 수 없다. 내가 어떤 스타일의 투자를 할 것인지 미리 결정해서 ISA 계좌를 선택해야 한다. 아래에 ISA 통장별로 투자할 수 있는 상품을 정리해보았다.

ISA 통장 종류에 따른 차이점 비교

구분	주요 특징	투자 가능 상품	개설 가능 금융기관
중개형	투자자가 직접 원하는 상품을 선택해 운용 가능	국내 상장주식, ETF/ETN, 펀드, ELS/DLS, 채권, 리츠, RP 등	증권사
신탁형	투자자의 상품 운용 지시	ETF/ETN, 펀드, ELS/DLS, 리츠, RP, 예금 등	은행, 증권사, 보험사
일임형	전문가에게 상품 선정, 편입/교체 등 운용을 위임	ETF, 펀드 등	은행, 증권사

독자분들에게 추천드리는 것은 중개형 또는 신탁형 ISA다. 중개형은 (국내 상장) 주식은 가능한데 예금이 안 되고, 신탁형은 주식이 안 되는 대신 예금이 가능하다. ETF와 펀드를 할 수 있다는 점에서는 공통이므로 따로 고민할 필요 없다.

일단 일임형 ISA는 선택지에서 제외하도록 하자. 일임 수수료가 발생하고 내가 직접 투자하는 것이 아니라 '알아서 잘 해주세요'가 상품 특성이기 때문이다.

중개형 ISA가 주식에 투자할 수 있다는 특징이 있기는 하지만 아쉽게도 삼성, 현대와 같이 국내 상장된 주식만 거래가 가능하다. 즉, 애플, 엔비디아, 테슬라는 중개형 ISA 계좌로 투자할 수 없다는 뜻이다. 내가 만일 국내 주식은 하지 않고 오로지 미국 주식만 하겠다는 계획이라면 신탁형 ISA를 하는 것이 나은 선택이다. 예금과 적금을 ISA로 하면서 이자수익에 대한 세금을 아낄 수 있기 때문이다. 결론적으로 삼성에 주로 투자하겠다면 중개형 ISA, 애플에 주로 투 자하겠다면 신탁형 ISA를 선택하는 것이 좋다. 아쉽게도 ISA는 한 종류만 선택할 수 있기 때문에 처음에 어떻게 계획을 세우느냐에 따 라 신중한 판단이 필요하다.

IRP/ISA/연금저축펀드 해외투자 이중과세 이슈

책의 집필을 거의 마무리했을 때 갑자기 터져 나온 이슈가 있다. 바로 '이중과세' 문제다. 내용은 이렇다. IRP/ISA/연금저축펀드는 일명 절세 계좌로, 많은 직장인들에게 각각 연말정산과 비과세 혜택을 제공하는 고마운 상품이다.

문제는 2025년 1월부터 이중과세가 시작되었다는 것. 세금을 한 번 냈는데 또 세금을 내야 하는 상황이 발생했다. 알고 보면 큰 금액은 아닌데 '기분'이 나쁠 수 있다. 자세한 내용은 이렇다.

기존의 방식은 투자상품, 수익의 종류에 관계없이 비과세를 받거나 나중에 연금을 받을 때 과세이연이라 해 세금혜택을 얻을 수 있었다. 2025년부터는 투자상품 중 해외에 투자하는 ETF에 대해 발생하는 '배당소득세'에 대해서는 일괄적으로 15.4%의 소득세를 부과한다. 특히 연금저축펀드 계좌에서 해외투자 ETF를 투자한 경우, 배당소득에 대해 투자 기간 동안 15.4%의 세금을 내고 나중에 다시 연금을 받을 때 다시 소득세를 내야 하는 상황이다. 즉, 이익이 발생했을 때 세금을 한 번 내고, 그 세금 내고 들어온 내 돈을 나중에 연금으로 받을 때 다시 소득세를 내야 하는 것이다. 같은 돈에 대해 세금을 두 번 내도록 하는 이중과세 아니냐 하는 투자자들의 불만이 높아질 수밖에 없다. 상품별로 2025년을 기준으로 전후를 비교해보면 이렇다.

ISA, 유용한 투자용 통장

● ISA

<u>Before</u> 모든 투자수익 200만 원(일반형) 비과세 + 200만 원 초과 이익에
9.9% 분리과세

<u>After</u> 배당소득은 무조건 15.4% 과세 + 비과세 한도는 매매차익에만 적용

● **연금저축펀드 & IRP**

<u>Before</u> 배당소득을 연금으로 받을 때부터 낮은 세율(3.3%~5.5%) 적용

<u>After</u> 배당소득에 대해서는 받을 때마다 15.4% 과세

세금 내기 싫다면 미국이 아닌 한국에 투자하라는 정부의 강경한 의지가
느껴지는 정책이다. 과연 정부의 가이드라인을 따라 미국에 투자하는 ETF
비중을 줄여야 좋을지 고민될 수밖에 없다.

결론부터 말씀드리자면, 이중과세의 문제가 있음에도 불구하고 신경 쓸 것
없다. 2가지 이유에서 그러하다.

첫째 이유는 그 '소소함'이다. 세금이 추가되는 항목은 ETF 투자를 통해
발생하는 '배당소득'에 한정되기 때문이다. ETF 투자를 통해 배당소득을 얻는
것은 대략 연간 3~5% 내외이고 여기에 붙는 세금은 그 3~5%의 15.4%다.
즉 투자금액이 100만 원이라면 연간 3~5만 원 배당소득이 발생하고 세금은
4,620~7,700원이 발생한다. 월 단위로 나누면 한 달 385~641원이다.

사이즈를 키워서 1억 원을 투자했다면? 매월 4~6만 원 정도의 배당소득에
대한 세금이 발생한다고 보면 된다. ETF 투자를 통해 얻고자 하는 것이
배당소득이라면 이야기는 달라질 수 있지만, ETF의 가격이 상승하는 것을
기대한다면 투자 여부를 결정할 만한 큰 이슈는 아니라고 볼 수 있다.

둘째 이유는 바로 '투자자들의 분노'다. 계산기 두들겨보면 큰 금액은
아니지만 이미 세금을 낸 돈에 대해 나중에 다시 세금을 내야 한다는 그 사실
자체가 분노를 일으킨다. 높으신 분들이야, 여론의 눈치를 봐야 하기 때문에
세금 부담이 낮아지는 방향으로 개편될 것으로 예상된다.

독자들이여! 이와 같은 2가지 이유를 믿어보도록 하자. 부디 해외 ETF를 향한
그 따뜻한 손길을 거두지 말아주시기 바란다. 두려움 없이 전진하시면 된다.

IRP·연금저축펀드, ＿＿＿ 투자로 준비하는 나의 ＿＿＿ 노후 자금

　직장 생활을 시작하면 퇴직연금 계좌를 만들게 된다. DB형이라 해 정해진 퇴직금을 받는 형태도 있고, DC형이라 해 매월 일정한 금액을 투자하는 퇴직연금 형태도 있다. IRP는 이렇게 적립되는 퇴직연금을 보관하는 통장이라 보면 된다. A라는 직장에서 3년 근무하고 B 직장에서 또 3년을 근무하는 식으로 이직을 반복하게 될 때 '편하게 퇴직금 관리하세요' 하는 취지의 상품이다. 연금저축펀드 역시 투자상품을 통해 노후를 더 풍성하게 대비할 수 있도록 해주는 상품이다.

IRP 통장의

특성

　IRP 통장은 단순하게 퇴직금을 모아두는 금고 같은 역할을 하는 것에서 벗어나 투자도 가능하다. 개인의 선택에 따라 예금 형태로 모아둘 수도 있고, ETF에 투자할 수도 있다. 물론 적절하게 배분해 선택할 수 있기 때문에 IRP의 모든 자금을 어느 한 곳에 몰아넣을 필요는 없다. 현재는 주식형에 70%까지, 예·적금 또는 채권에 30%까지 분배할 수 있다. 과거 퇴직금 제도는 나의 연봉을 기준으로 받는 금액이 정해졌었는데 이제는 나의 투자성과에 따라 퇴직금이 달라진다고 보면 된다. 다만 주의사항이 있다. IRP 통장에 한 번 들어간 자금은 만 55세까지 건드릴 수 없다. 연말정산을 통해 세금 환급을 많이 받을 수 있는 상품이기는 하지만 55세까지 인출할 수 없다는 점을 감안해야 한다. 사람 일은 모르는 것 아니겠는가.

ETF와 주식만으로도 가능, 연금저축펀드

IRP와 많은 부분에서 공통적인 상품이 있으니 연금저축펀드다. 노후를 대비하고 연말정산 혜택이 많다는 점에서 동일하다. 심지어 연말정산 때 적용되는 세금 혜택도 동일하다. 약간의 차이는 포트폴리오에 있다. 연금저축펀드는 ETF와 주식형 자산 투자 한도가 100%까지 가능하다. 즉 IRP는 예금의 범위를 30%까지 유지하는 것에 비해 연금저축펀드는 예금 없이 ETF로 꽉 채울 수 있다.

IRP와 연금저축펀드의 연말정산 혜택

1년에 한 번씩 직장인들은 연말정산을 한다. IRP는 매년 최대 900만 원까지, 연금저축펀드는 매년 최대 600만 원까지 납입할 수 있는데 납입금액의 16.5%(총급여 5,500만 원 이하) 또는 13.2%(총급여 5,500만 원 초과)의 세액공제(세금 환급)를 받을 수 있다. 참고로 세액공제 한도는 IRP + 연금저축펀드 해서 최대 900만 원이다. IRP

에 900만 원, 연금저축펀드에 600만 원을 납입한다 해도 세금 혜택
은 최대 900만 원에 대해 적용된다. 중복 적용이 안 된다는 점 미리
알아두셔야 한다.

독자분들께 제안드리자면, 연금저축펀드와 IRP 중에서 이왕이면
IRP를 추천드린다. IRP는 급여를 받기 시작할 때부터 만들어놓아야
하는 통장이기 때문에 따로 통장을 개설해야 하는 번거로움이 없다.
여기에 더해 포트폴리오 구성에 있어서도 ETF에 다 몰아서 하지 않
고 일정 부분(30%)이 예금 등의 안전자산이 들어가게 되니 노후 시
점에 갑자기 경제 상황이 악화돼 노후 자금이 사라져버리는 일을 막
을 수 있기 때문이다.

청약저축, _____ 한 달
25만 원으로 _____ 세팅합시다

    청약저축은 아파트 청약이라는 원래의 기능보다 소득공제 혜택이라는 부가 기능이 더 돋보이는 상품이다. 아파트에 당첨되려면 청약 가점제라고 해 몇 가지 기준에 따라 점수가 부여되는데, 젊은 세대에게는 지나치게 불리하기 때문이다. 여기에 더해 대한민국 인구의 1/3 정도인 1,600만 명이 이미 1순위이기 때문에 현실적으로 따져보면 아파트 당첨은 항상 남의 일이 될 수밖에 없다. 반면 청약저축이 가진 소득공제 혜택은 직장인에게 아주 유용하게 활용될 수 있기 때문에 직장인에게 추천하는 3종 세트의 하나가 된다.

청약저축의
소득공제 혜택

    연봉(총급여) 7,000만 원 이하의 무주택 세대주는 1년 납입 금액 최대 300만 원까지 40%의 소득공제를 받을 수 있다. 즉 한 달에 25만 원씩 1년간 납입하면 연간 납입액 300만 원의 40%인 120만 원을 소득공제 받을 수 있다는 뜻이다. 대부분의 직장인에게 적용되는 소득세율이 15% 또는 24%라는 점을 감안하면 실제 얻을 수 있는 세금 환급 금액은 19만 원에서 32만 원 정도다. 간략하게 20만 원의 세금 환급이라 보면 크게 틀리지 않는다. 이자수익을 제외하고 순수하게 세금 환급액을 기준으로 수익률을 계산해보면 300만 원 넣고 20만 원이면 6.6%가 된다. 여기에 이자도 따로 받기 때문에 투자상품이라 봐도 될 정도다.

청년주택드림청약

나이가 19세에서 34세 사이이면서 연 소득 5,000만 원 이하라면 청약저축의 업그레이드 버전인 청년주택드림청약에 가입 가능하다. 일반 청약저축에 비해 우대금리 1.7%p가 추가되고, 근로소득이 연 3,600만 원 이하인 경우에는 추가적으로 이자소득 비과세도 받을 수 있다.

청약저축 기본 금리, 청년주택드림청약 이자율 비교

구분	1개월 미만	1개월 이상 ~1년 미만	1년 이상 ~2년 미만	2년 이상 ~10년 미만	10년 이상
기본 금리	무이자	2.0%	2.5%	2.8%	2.8%
우대형 금리	무이자	2.0%	2.5%	4.5%	2.8%

출처: 국토교통부 https://www.molit.go.kr/2024dreamaccount/main.jsp

연봉 5,000만 원인 직장인이 한 달 25만 원씩 1년간 납입한다면 실제 얼마의 수익을 얻을 수 있는지 계산해보자.

- 이자수익: 3만 2,500원
- 소득공제: 19만 8,000원

  (소득공제 금액 120만 원 / 소득세율 16.5% 적용 시)

합계금액은 대략 23만 원 정도 된다. 한 달 납입액과 비슷하다. 원금 300만 원, 수익 23만 원이면 수익률 7.7%의 결과다. 주식이나 펀드가 잘되면 10%, 20% 넘는 수익을 거두는 것이 가능하지만 불확실성이 있는 것에 비해 청약저축은 한 달 25만 원에 7.7%의 수익이 정해진 투자라 할 수 있다.

결론이다. 더도 말고 덜도 말고 한 달 25만 원은 청약저축 또는 청년주택드림청약 통장에 넣도록 하자. 혹시 나중에 하늘이 도와 원하는 곳 아파트에 당첨될 수도 있을 것이기 때문이다.

워그펠 툭 만들기와 룰리와 포트폴리오

목돈 _____ 만들기와 굴리기
포트폴리오 _____ 기본 개요

급여별로 포트폴리오를 어떻게 구성하면 좋을까? 사실 정답은 없다. 각자의 얼굴이 다르듯 생활하는 환경과 처한 상황이 다르기 때문이다. 인정하기는 싫지만 부모 잘 만난 우리 옆의 누군가에게 급여는 그냥 용돈일 수 있고, 또 우리에게는 생활비, 노후 대비, 주택 마련 등을 해야 하는 유일한 수단일 수도 있다.

급여별 포트폴리오는
'예시'일 뿐

각자의 사정에 따라 급여가 가지는 의미가 다르기에 어떤 기준에서 포트폴리오를 구성해야 할지 고민했다. 게다가 생활비와 소비 규모 역시 모두 다를 텐데 투자 가능 금액을 어떻게 산정하면 좋을지 역시 고민이었다. 마침 서울시에서 발표한 한 달 생활비 통계가 있어 그 수치를 기준으로 했다.

필자는 라면을 좋아한다. 라면 봉지를 보면 참으로 먹음직스럽게 사진이 인쇄돼 있다. '사진은 조리 예입니다. 취향에 따라 계란, 파를 넣어 드세요'라는 문구가 옆에 적혀 있기도 하다. 필자가 준비한 포트폴리오 역시 일종의 '예시'다. 취향에 따라 다양하게 이것저것 추가해서 투자하시면 된다. S&P500지수 ETF를 추천드렸는데 나스닥100지수 ETF를 선택하시는 것, 얼마든지 OK다. 또는 애플 직접투자를 포트폴리오에 넣었는데 엔비디아에 직접투자 하시는 것 역시 OK다.

혹시라도 한 달 투자 금액을 필자는 150만 원으로 제안했는데 200만 원으로 한다면 두 팔 들어 환영한다.

공격적 솔루션과

안정적 솔루션 구분

독자의 성향에 따라 공격적, 안정적 이렇게 2개의 투자 포트폴리오를 따로 설계했다. 다음 장부터 이어지는 급여별 포트폴리오에서 확인 가능하다. 결과적으로는 공격적, 안정적 솔루션의 결과값은 크게 다르지 않다. 주식의 수익률을 10%로 산정했기 때문이다. '주식 및 ETF 수익률을 20%, 30% 정도로 세팅해 '투자'를 해야 돈을 더 일찍 모을 수 있다' 하는 주장을 극적으로 보여주는 것은 옳지 못하다고 판단했다. 필자는 주식과 ETF로 얻을 수 있는 합리적인 기댓값이 10%라고 판단했다. 겨우 10% 먹으라고 주식하라는 거냐? 라는 생각을 안 하셨으면 좋겠다.

각 급여별 포트폴리오는 앞의 내용을 몰라도 이해하는 데 어려움이 없도록 구성했다. 자신에게 해당하는 부분만 읽어도 책의 내용을 이해하시는 것에는 문제없을 것이다.

이제 시작해보자. 급여별 포트폴리오 제안!

월급 _____ 200만 원으로
3,000만 원 _____ 만들기와 굴리기

서울시에서 2022년에 발표한 '가구 한 달 평균 생활비 지출액' 통계를 보면 20대는 한 달 평균 158만 원을 지출한다고 한다. 이를 기준으로 계산해보면, 월급 200만 원 − 평균 생활비 158만 원 = 42만 원이다. 남들에게 뒤처지지 않게 평균에 맞춰 살아간다면 당신은 한 달에 42만 원 남는 생활을 하게 된다. 미안한 이야기를 하자면, 앞으로 3년간은 남들보다 못한 삶, 별로 자랑할 것이 없는 인생을 권한다. 당신의 투자 여력을 한 달 80만 원까지 늘려보셔야 한다.

목표
3년 후 3,000만 원

간단하게 나누어보면 1년에 1,000만 원씩 3년을 모으면 된다. 단순하게 저축만 한다고 했을 때 1년에 1,000만 원이면 1달에 대략 80만 원씩 12개월이면 960만 원이 되니, 당분간 내 월급에서 80만 원은 은행이나 금융회사 것이라 생각해야 한다. 80만 원을 어떻게 투자하면 좋을까? 여기에는 당신의 성향에 따른 2가지 솔루션이 있다.

● 주식: 60만 원(미국 S&P500지수 ETF, 기대수익률 10% 적용)
● 적금: 20만 원(일반 시중은행 정기적금, 연 이자율 4% 가정)

구분	기간	1개월	6개월	12개월	18개월	24개월	30개월	36개월	42개월	48개월
적금	원금	20	120	240	360	480	600	720	840	960
	이자	0	1	5	11	20	31	44	60	78
	합계	20	121	245	371	500	631	764	900	1,038
주식	원금	60	360	720	1,080	1,440	1,800	2,160	2,520	2,880
	수익	6	36	72	108	144	180	216	252	288
	합계	66	396	792	1,188	1,584	1,980	2,376	2,772	3,168
총원금		80	480	960	1,440	1,920	2,400	2,880	3,360	3,840
총수익		6	37	77	119	164	211	260	312	366
총합계		86	517	1,037	1,559	2,084	2,611	3,140	3,672	4,206

주식 연수익률 10%, 적금 연 이자율 4%를 가정하고 매월 80만 원을 꾸준히 투자하게 되면 36개월 후에 3,140만 원(원금 2,880만 원 + 수익 260만 원)을 모을 수 있다. 적금은 변동성이 크지 않기에 예측 가능한 범위에 있지만 주식은 연 10%의 수익률을 적용하기에는 분명 무리가 있다. 그럼에도 지금까지의 S&P500지수의 상승률을 보면 대략 연간 10% 내외였음을 감안하면 S&P500지수 ETF의 기대수익률 10%는 큰 무리가 아니다.

- 주식: 30만 원(미국 S&P500지수 ETF, 기대수익률 10% 적용)
- 적금: 50만 원(일반 시중은행 정기적금, 연 이자율 4% 가정)

구분	기간	1개월	6개월	12개월	18개월	24개월	30개월	36개월	42개월	48개월
적금	원금	50	300	600	900	1,200	1,500	1,800	2,100	2,400
	이자	0	4	13	29	50	78	111	151	196
	합계	50	304	613	929	1,250	1,578	1,911	2,251	2,596
주식	원금	30	180	360	540	720	900	1,080	1,260	1,440
	수익	3	18	36	54	72	90	108	126	144
	합계	33	198	396	594	792	990	1,188	1,386	1,584
총원금		80	480	960	1,440	1,920	2,400	2,880	3,360	3,840
총수익		3	22	49	83	122	168	219	277	340
총합계		83	502	1,009	1,523	2,042	2,568	3,099	3,637	4,180

매월 투자 금액 80만 원 중 적금 50만 원, 주식 30만 원으로 구성해보면 36개월 후엔 총 3,099만 원(원금 2,880만 원 + 수익 219만 원)이 된다. 공격적 솔루션에 비해 3년간 50만 원의 차이가 있을 뿐이다. 안정적 솔루션이라 해서 수익률이 크게 뒤처지는 것은 아니라는 점도 참고할 수 있다.

3,000만 원을 모으는 동안 주로 ETF, 적금만 하다 보면 '삼성, 애

신탁형 ISA 활용

ISA 통장은 중개형, 신탁형, 일임형 이렇게 3가지 종류가 있다는 것은 이미 알고 계실 것이다. 이 중 일임형을 제외하고 중개형과 신탁형 중에서 선택하는 것이 좋다는 점도 잘 아시리라 본다. 앞에 소개된 공격적 솔루션과 안정적 솔루션 모두 ETF와 적금 상품으로 투자를 하는 것이니 예금 불가인 중개형 ISA보다 신탁형 ISA가 더 적합하다. 참고로 2025년 1월 2일 정부가 발표한 '2025년 경제정책 방향'에 따르면, 정부에서는 다계좌 ISA를 허용해 여러 개의 ISA 통장을 가질 수 있게 해줄 예정이다. 그때가 되면 굳이 어떤 ISA를 골라야 하는지 고민할 필요는 없다.

플 주식에 직접투자하고 싶다'는 강렬한 욕망을 느끼게 될 것이다. 또는 노후 대비 연금저축펀드, 청약저축에도 손을 대고 싶어질 것이다. 그 마음을 이해한다. 그럼에도 딱 3년은 이 악물고 참으셔야 한다.

3년 후 목표를 달성하면 80만 원 또는 그 이상의 금액을 자유롭게 포트폴리오 구성해서 하고 싶은 투자, 노후 대비 마음껏 하셔도 된다. 고3 수험생에게 놀고 싶은 마음 꾹 참고 대학 가면 실컷 놀 수 있으니까 참으라고 하는 부모님의 마음이 이런 것일까 싶다.

3,000만 원
목돈 굴리기

3년 동안 1년에 1,000만 원씩 3,000만 원을 모으는 데 성공한다면, 그다음에는 무엇을 할까? 3년간 월급 관리를 해왔다면 그다음 단계는 목돈 굴리기의 영역이다. 당신의 통장에 들어 있는 3,000만 원이라는 목돈은, 돈 잘 버는 사람에게는 한 달에 버는 돈일 수도 있고 잘 나가는 연예인 어디 행사가서 노래 2곡쯤 부르고 받는 행사비 정도일 수도 있다. 그러나 당신에게 그 3,000만 원은 3년간 참아왔던 많은 소비의 유혹의 결과물이다. 더욱 잘 불려서 다음 단계인 5,000만 원, 1억 원으로 갈 발판이기도 하다.

기존 월급 관리는 계속 유지한다

우선 1년간은 기존 포트폴리오를 유지하자. 즉, 주식 60만 원과 적금 20만 원 또는 주식 30만 원, 적금 50만 원 해서 총 80만 원 투자를 유지한다.

3,000만 원 굴리기

3년 정도 투자를 하면 입문자 단계는 지나는 것이니 '이제 ELS 같은 것도 해볼까?' 싶을 수도 있다. 하고 싶은 모든 것은 딱 1년만 더 참아보도록 하자. 우선 목돈은 아래와 같이 해보시는 것을 권한다.

- 1,500만 원: 정기예금
- 1,500만 원: ETF

비밀스러운 투자를 기대하셨을 텐데 죄송스럽다. 3년간 모은 3,000만 원을 안전하게 지키면서 동시에 투자 수익도 얻을 수 있도록 균형을 잡아보았다. 1,500만 원은 안전하게 정기예금으로 1년간 유지한다. 이자 많이 받자고 하는 것이 아니라 안전한 보관용이다.

나머지 1,500만 원으로는 ETF를 좀 더 보강하도록 하자. 미국 S&P500지수에서 범위를 넓혀 다른 지수까지 투자 바구니에 담아보자. 즉, 미국 S&P500지수 ETF에 500만 원, 다우존스지수 ETF에 500만 원 그리고 나스닥지수 ETF에 500만 원을 넣도록 한다.

금액	구분	상품명
1,500만 원	정기예금	전북은행 JB다이렉트예금통장
500만원	ETF(S&P500지수)	TIGER미국S&P500 ETF
500만원	ETF(나스닥지수)	TIGER미국나스닥100 ETF
500만원	ETF(다우존스지수)	KODEX미국배당다우존스 ETF

이렇게 1년을 추가로 월급 관리를 하면 그다음부터는 저자의 도움이 필요 없을 것이다. 3대 지수의 움직임을 확실히 파악하셨을 것이고, 기본 지수에 추가해 다른 지수들까지 어느 정도 파악하셨을 것이기 때문이다. 딱 4년만 저자의 조언을 따라 해보시고 그다음에는 필자보다 더 전문가인 분들의 저서 또는 동영상으로 투자 방향을 잡으시기 바란다.

혹시 몰라 추가하는 내용이 있다. 정기예금 상품을 전북은행 JB다이렉트예금통장이라 콕 짚어 표시했는데, 필자가 전북은행과 인연이 있어서가 아니다. 2025년 2월 기준 은행연합회 홈페이지를 통해 모든 은행의 정기예금 금리를 비교해본 결과 해당 은행의 정기예금 금리가 가장 높은 수준이었다. 심지어 우대금리를 조금 더 받기 위해 번거로운 과정을 거쳐야 할 필요도 없다. 기본 금리 = 우대금리이기 때문이다.

월급 _____ 300만 원으로
5,000만 원 _____ 만들기와 굴리기

　통계청 자료인 '2019년 임금 근로 일자리 소득 결과'에 따르면 대한민국 근로자들의 월평균 소득은 309만 원이다. 급여 300만 원이면 평균값에 해당한다. 20대는 한 달 평균 158만 원을 지출한다는 서울시의 자료를 기준으로 계산해보면, 월급 300만 원 − 평균 생활비 158만 원 = 142만 원이다. 더도 말고 평균만 따라가는 급여와 소비 지출만 하면 내가 얻을 수 있는 투자용 실탄이 매월 142만 원인 셈이다. 계산의 편의를 위해 당신의 한 달 투자 금액을 140만 원으로 정하고 설명드리도록 하겠다.

목표

3년 후 5,000만 원

　3년 후 5,000만 원 확보를 목표로 해보자. 5,000만 원은 상당히 상징적이다. 3년간의 인내를 통해 5,000만 원을 확보했다면 손을 조금만 더 뻗어 1억 원에 닿을 수 있다는 희망을 가지도록 해주기 때문이다. 직장인들의 이직 주기가 3년 정도라고 했을 때 이번 직장에서 5,000만 원 모으고 다음 직장에서 다시 5,000만 원을 모은다고 생각해보자. 140만 원을 어떻게 구성하면 좋을지 공격적 솔루션과 안정적 솔루션으로 나누어보았다.

공격적

솔루션

1 주식: 월 100만 원(기대수익률 10% 적용)
- 애플 직접투자 50만 원
- 미국 S&P500지수 ETF 50만 원

2 적금 & 청약통장: 월 40만 원
- 적금 20만 원(일반 시중은행 정기적금, 연 이자율 4% 가정)
- 청약저축 20만 원(연 이자율 2.1% 가정)

주식 100만 원은 직접투자 50만 원, ETF 50만 원으로 나누었고 기대수익률은 동일하게 10%로 가정해보았다. 주식 종목의 등락은 당장 내일의 결과도 알 수 없지만 애플에 대한 기사를 보면 10년간 주가 상승률이 789%였다 하니 10%는 무리가 아니라 판단된다. ETF 는 S&P500지수 ETF로 구성했다.

적금과 청약저축은 각 20만 원씩 총 40만 원으로 정했다. 청약저축은 가성비 측면에서 25만 원을 넣는 것이 가장 좋기는 하지만 우선 목돈 만들기에 집중하자는 의미에서 5만 원 부족하게 구성했다.

아무리 공격적인 스타일로 솔루션을 구성한다 해도 주식에 140만

PART 07 월급별 목돈 만들기와 굴리기 포트폴리오   **191**

구분	기간	1개월	6개월	12개월	18개월	24개월	30개월	36개월	42개월	48개월
적금	원금	20	120	240	360	480	600	720	840	960
	이자	0	1	5	11	20	31	44	60	78
	합계	20	121	245	371	500	631	764	900	1,038
청약 저축	원금	20	120	240	360	480	600	720	840	960
	수익	0	3	5	8	10	13	15	18	20
	합계	20	123	245	368	490	613	735	858	980
주식	원금	100	600	1,200	1,800	2,400	3,000	3,600	4,200	4,800
	수익	10	60	120	180	240	300	360	420	480
	합계	110	660	1,320	1,980	2,640	3,300	3,960	4,620	5,280
총원금		140	840	1,680	2,520	3,360	4,200	5,040	5,880	6,720
총수익		10	64	130	199	270	344	420	498	579
총합계		150	904	1,810	2,719	3,630	4,544	5,460	6,378	7,299

원 전액을 넣는 것이 아니라 총 140만 원 중 100만 원은 주식, 나머지 40만 원은 적금과 청약통장에 넣음으로써 대략 1/3은 적금, 나머지 2/3는 주식으로 비율을 정했다.

매월 140만 원을 꾸준히 투자하게 되면 36개월 후에 5,460만 원(원금 5,040만 원 + 수익 420만 원)을 모을 수 있는 것으로 계산된다. 혹시 주식, ETF가 예상보다 더 좋은 결과를 보여준다면 더 일찍 5,000만 원에 도달하거나 3년 후 훨씬 더 많은 금액을 확보할 수 있을 것이다.

1 주식: 70만 원(기대수익률 10% 적용)

　– 애플 직접투자 20만 원

　– 미국 S&P500지수 ETF 50만 원

2 적금 & 청약통장: 70만 원

　– 적금 45만 원(일반 시중은행 정기적금, 연 이자율 4% 가정)

　– 청약저축 25만 원(연 이자율 2.1% 가정)

구분	기간	1개월	6개월	12개월	18개월	24개월	30개월	36개월	42개월	48개월
적금	원금	45	270	540	810	1,080	1,350	1,620	1,890	2,160
	이자	0	3	12	26	45	70	100	135	176
	합계	45	273	552	836	1,125	1,420	1,720	2,025	2,336
청약 저축	원금	25	150	300	450	600	750	900	1,050	1,200
	수익	1	3	6	9	13	16	19	22	25
	합계	26	153	306	459	613	766	919	1,072	1,225
주식	원금	70	420	840	1,260	1,680	2,100	2,520	2,940	3,360
	수익	7	42	84	126	168	210	252	294	336
	합계	77	462	924	1,386	1,848	2,310	2,772	3,234	3,696
총원금		140	840	1,680	2,520	3,360	4,200	5,040	5,880	6,720
총수익		8	48	102	161	226	296	371	452	538
총합계		148	888	1,782	2,681	3,586	4,496	5,411	6,332	7,258

140만 원의 투자 예산 중에서 50%씩 각각 주식과 적금(청약통장 포함)으로 배분했다. 36개월 후를 예상해보면, 총 5,411만 원(원금 5,040만 원 + 수익 371만 원)이 된다. 예상 결과는 공격적 솔루션과 크게 차이가 없다. 다만 주식의 투자수익률에 따라 예상 결과는 완전히 달라질 수 있다. 140만 원이라는 큰 금액의 투자에 대해 리스크를 최대한 피하고 싶다면 주식과 적금에 반씩 배분해 심리적인 안정감을 얻을 수 있을 것이다.

그냥 다 저축하면
되지 않나요?

공격적, 안정적 솔루션의 결과를 보면 3년 후의 결과가 크게 다르지 않다. 공격적으로 하면 5,460만 원, 안정적으로 하면 5,411만 원으로 계산되니 차이는 대략 50만 원 내외다. 이럴거면 뭐하러 가슴 졸여가며 주식, ETF에 투자하느냐 싶으실 것이다. 차라리 마음 편하게 적금에 다하면 그게 오히려 편하고 안심할 수 있을 것이라 판단할 수도 있다.

틀린 말은 아니다. 다만 생각해봐야 할 것은 주식투자는 결과를 예측할 수 없기에 이 책의 독자들이 너무 과한 욕심과 환상을 가지지 않도록 연간 10% 정도의 기대수익률을 적용했기 때문에 예측 결과는 공격적으로 하나 안정적으로 하나 크게 다르지 않게 나온다는 점이다. 아마도 실제 결과는 예측치와 크게 다를 것이다.

주식의 투자수익률은 당장 내일의 것도 알 수 없다. 급락으로 재산상의 손해를 많이 볼 수도 있다. 그럼에도 주식을 투자 포트폴리오에 넣은 것은 그나마 마음고생 덜 할 수 있는 종목을 선택함으로써 심리적인 불안감을 줄이고, 상승하는 경우 높은 수익률을 얻을 수 있기 때문이다. 안전장치로 적금과 청약통장을 넣어놓았으니 주식과 ETF 투자에 대한 두려움을 많이 줄이실 수 있을 것이다.

5,000만 원
목돈 굴리기

급여 300만 원을 잘 관리해서 3년 동안 5,000만 원을 만드는 것은 결코 쉽지 않다. 단군신화에서 곰이 마늘과 쑥만 먹고 버텼다고 하던데 그와 비슷한 과정을 겪으셨을 것이다. 3년간의 성과인 5,000만 원을 보면 여러 가지 생각이 들 것이다. 미리 축하드린다.

기존 월급 관리는 유지한다

공격적 솔루션이든 안정적 솔루션이든 당신이 꾸준히 했다면 약간의 차이는 있지만 통장에는 5,000만 원 이상 쌓여 있다. 당신의 월급 관리를 성공시켜준 포트폴리오를 굳이 변경할 이유는 없다. 지금까지의 월급 관리 방법은 유지하도록 하자.

5,000만 원 굴리기

5,000만 원을 어떻게 굴리면 좋을까? 기본적으로 일정 부분은 은행 상품인 정기예금으로 혹시 모를 하락장, 폭락장을 대비하면서 나머지는 수익을 기대해볼 수 있는 포트폴리오 구성하는 것이 좋을 듯하다.

- 2,000만 원: 정기예금
- 3,000만 원: 3개의 기본 지수 ETF에 각 1,000만 원씩

또 예금과 기본 지수 ETF냐 싶으실텐데, 그 기분 이해한다. 그럼에도 이렇게 권하는 것은 우리는 앞일을 모르기 때문이다. 개별종목인 애플에 투자할 때 매일 오르기만 하지는 않을 것이다. 앞으로 1년만 더 고생하자. 그다음엔 당신이 하고 싶은 투자를 마음껏 해도 된다. 금 투자, 달러 투자는 물론이고 당신의 취향에 맞는 ETF를 고르는 것까지 모두 당신의 마음이 가는 대로 해도 좋다. 다만 앞으로 1년간은 필자의 조언에 따라 해보시기를 권한다. 플리즈.

금액	구분	상품명
2,000만 원	정기예금	전북은행 JB다이렉트예금통장
1,000만 원	ETF(S&P500지수)	TIGER미국S&P500 ETF
1,000만 원	ETF(나스닥지수)	TIGER미국나스닥100 ETF
1,000만 원	ETF(다우존스지수)	KODEX미국배당다우존스 ETF

정기예금은 2025년 2월 현재, 기본금리 3.15%에 빛나는 전북은행의 'JB다이렉트예금통장'을 선택했다. 물론 인터넷 가입도 가능하다. 은행들이 기본금리는 낮게 하고 최고금리는 높게 하면서 최고금리 받으려면 여러 가지 까다로운 조건을 붙이는데, 전북은행은 그런 게 없어서 마음에 들었다. 정기예금 금리는 은행연합회 홈페이지(https://www.kfb.or.kr) 방문하면 실시간으로 은행별 예금금리를 비교할 수 있으니, 나에게 잘 맞는 은행 상품을 골라보시기 바란다.

2025년 2월 기준, 저자의 1픽은 전북은행이다.

ETF 관련해서는 국내에서 출시해 ISA 통장으로 세금 혜택을 받을 수 있는 상품들을 골랐다. ETF는 이미 알고 계신 바와 같이 KODEX(삼성), TIGER(미래에셋) 등 어느 회사에서 출시했느냐보다 어느 지수를 따라가느냐가 더 우선되는 기준이다. 같은 지수라면 삼성이든 미래에셋이든 상관없다.

월급 _____ 400만 원으로
1억 원 _____ 만들기와 굴리기

급여 400만 원이면 연봉 5,000만 원정 도의 본격적인 고소득자 등급에 속한다. 스스로는 그렇지 않다고 생각하겠지만 어려운 경제 상황과 직장인들의 평균 급여를 감안하면 상위에 속하는 것은 틀림 없다. 문제는 고소득과 돈을 모으는 것은 큰 상관이 없다는 것. 오히 려 돈 모으기가 더 잘 안 되는 경우가 대부분이다. 소비의 규모가 크 고, 저축이나 투자에 대한 필요성도 잘 느끼지 못하는 경우가 많기 때문이다. 약간 어려울지도 모르는 목표 금액을 통해 스스로에 대한 재테크 결심을 굳게 하는 것이 좋은 출발일 것이다.

목표

3년 후 8,000만 원, 4년 후 1억 원

듣기만 해도 가슴이 웅장해지고, 과연 내가 모을 수 있을까 싶은 금액이다. 당신은 무조건 할 수 있을 것이라는 하얀 거짓말은 하지 않겠다. 어려운 일이고 중간중간 포기하고 싶은 유혹도 많이 느낄 것 이다. 특히 '이 정도면 된 것 같다' 스스로 만족해서 투자보다는 즐거 운 소비생활을 하는 자신을 발견할 수도 있다. 이직할 때 1억 원 들

고 가자! 이렇게 스스로에게 다짐하면서 계획을 실천해보면 좋을 것
이다. 투자 금액은 급여 400만 원 - 생활비 200만 원 = 200만 원
으로 해보도록 하자. 생활비 200만 원이면 서울시 20대의 월 평균
생활비 158만 원보다 42만 원을 더 쓰는 셈이니 투자 여력 200만
원 확보는 해볼 만한 도전과제가 될 것이다

공격적

솔루션

1 주식: 150만 원(기대수익률 10% 적용)
- 엔비디아 직접투자(50만 원)
- 애플 직접투자(50만 원)
- 미국 S&P500지수 ETF(25만 원)
- 미국 나스닥100지수 ETF(25만 원)

2 적금 & 청약통장: 50만 원
- 적금 25만 원(일반 시중은행 정기적금, 연 이자율 4% 가정)
- 청약저축 25만 원(연 이자율 2.1% 가정)

주식 150만 원은 미국 주식 직접투자 100만 원, 미국 지수 ETF
50만 원으로 나누었고, 기대수익률은 동일하게 연 10%로 가정해보
았다. 미국 증시에서 가장 파워풀한 애플, 엔비디아 2종목에 각각
50만 원씩 넣도록 했고 ETF는 S&P500지수, 나스닥100지수에 각

구분	기간	1개월	6개월	12개월	18개월	24개월	30개월	36개월	42개월	48개월
적금	원금	25	150	300	450	600	750	900	1,050	1,200
	이자	0	2	7	14	25	39	56	75	98
	합계	25	152	307	464	625	789	956	1,125	1,298
청약저축	원금	25	150	300	450	600	750	900	1,050	1,200
	수익	1	3	6	9	13	16	19	22	25
	합계	26	153	306	459	613	766	919	1,072	1,225
주식	원금	150	900	1,800	2,700	3,600	4,500	5,400	6,300	7,200
	수익	15	90	180	270	360	450	540	630	720
	합계	165	990	1,980	2,970	3,960	4,950	5,940	6,930	7,920
총원금		200	1,200	2,400	3,600	4,800	6,000	7,200	8,400	9,600
총수익		16	95	193	294	398	505	614	727	843
총합계		216	1,295	2,593	3,894	5,198	6,505	7,814	9,127	10,443

25만 원씩 합계 50만 원을 넣도록 구성했다.

결과를 예측해보면 3년 후엔 총 7,814만 원(원금 7,200만 원 + 수익 614만 원)이, 그로부터 1년 후인 4년 차 만기에는 총 1억 443만 원(원금 9,600만 원 + 수익 843만 원)이 된다. 입사 3년 차에 그만둘까 생각이 든다 해도 1년 더 버티셔야 한다. 1억 만들려면 4년이 필요하기 때문이다. 혹시 주식 수익률이 좋다면 (예를 들어 주식 수익률 20%) 그때는 6개월 일찍 1억 원을 만들 수 있다.

1 주식: 100만 원(기대수익률 10% 적용)

– 엔비디아 직접투자 25만 원

– 애플 직접투자 25만 원

– 미국 S&P500지수 ETF 25만 원

– 미국 나스닥100지수 ETF 25만 원

2 적금 & 청약통장: 100만 원

– 적금 75만 원(일반 시중은행 정기적금, 연 이자율 4% 가정)

– 청약저축 25만 원(연 이자율 2.1% 가정)

구분	기간	1개월	6개월	12개월	18개월	24개월	30개월	36개월	42개월	48개월
적금	원금	75	450	900	1,350	1,800	2,250	2,700	3,150	3,600
	이자	0	5	20	43	75	116	167	226	294
	합계	75	455	920	1,393	1,875	2,366	2,867	3,376	3,894
청약저축	원금	25	150	300	450	600	750	900	1,050	1,200
	수익	1	3	6	9	13	16	19	22	25
	합계	26	153	306	459	613	766	919	1,072	1,225
주식	원금	100	600	1,200	1,800	2,400	3,000	3,600	4,200	4,800
	수익	10	60	120	180	240	300	360	420	480
	합계	110	660	1,320	1,980	2,640	3,300	3,960	4,620	5,280
총원금		200	1,200	2,400	3,600	4,800	6,000	7,200	8,400	9,600
총수익		11	68	146	232	328	432	545	668	799
총합계		211	1,268	2,546	3,832	5,128	6,432	7,745	9,068	10,399

200만 원의 투자 예산 중에서 50%씩 각각 주식과 적금(청약통장 포함)으로 배분했다. 주식투자는 직접투자 금액을 줄였다. 36개월 후를 예상해보면, 총 7,745만 원(원금 7,200만 원 + 수익 545만 원)이 된다. 예상 결과는 다른 금액의 포트폴리오 구성과 비슷하게도, 공격적 솔루션과 안정적 솔루션 결과는 큰 차이가 없다. 안정적 솔루션을 통해서도 원하는 목표를 달성하는 것이 얼마든 가능한 셈이다. 포트폴리오에 적금이나 청약저축이 들어가 있다 해서 목표 달성이 늦어질까 조급하게 생각할 이유가 없다.

혹시 다른 투자도
해보고 싶으시다면 OK

앞서 제시한 포트폴리오 이외에 투자 경험도 쌓으면서 경제 지식도 잘 쌓고 싶다면 주식투자 금액에서 일정 금액을 비트코인, 금, 달러에 각각 10만 원씩 적립식으로 넣어보시는 것도 나쁘지 않다. 다른 투자 아이템들의 움직임은 자연스럽게 국제 정세 공부, 경제 공부와 이어지기 때문이다. 비트코인값의 움직임 뒤에 숨은 미국과 중국의 속사정도 알게 될 것이고, 금 투자와 중국, 대만의 긴장 관계도 이해하게 된다. 달러화의 움직임 즉, 강세 또는 약세는 미국의 경제 상황과 정책을 공부하게 만드는 아주 좋은 학습 교재이기도 하다. 무엇이든 돈이 걸려 있으면 머리에 바로바로 입력되고 흥미와 관심이 갈 수밖에 없으니 학습효과는 대단히 효율적일 것이다.

1억 원

목돈 굴리기

3년 만에 8,000만 원을 모으고 다시 1년 후에 통장에 1억 원이라
는 숫자가 찍히면 그 성취감과 보람은 상상 이상일 것이다. 돈의 가
치가 떨어져서 아파트가 하루 만에 몇억 원씩 오르는 지역도 있기에
'1억 원'이라는 금액이 가진 충격이 약해지기는 했지만 그래도 직장생
활 5년 만에 통장에 1억 원을 모으는 것은 분명 대단한 일이다. 1억
원 굴리기, 결론은 이렇다.

1억 원 목돈 굴리기 포트폴리오

최소한의 안전장치로 30%인 3,000만 원은 정기예금으로 넣어
두고 나머지 7,000만 원을 투자상품으로 운용한다. 분류해보자면
3,000만 원은 예금, 3,000만 원은 주식 직접투자, 3,000만 원은
ETF 상품, 나머지 1,000만 원은 이것저것 기타 투자에 배분했다. 기
타 투자는 금, 달러, 코인 등 마음 가는 투자처에 넣도록 한다

금액	구분	상품명
3,000만 원	정기예금	전북은행 JB다이렉트예금통장
3,000만 원	주식 직접투자	애플, 엔비디아, 삼성전자
1,000만 원	ETF(S&P500지수)	TIGER미국S&P500 ETF
1,000만 원	ETF(나스닥지수)	TIGER미국나스닥100 ETF
1,000만 원	ETF(다우존스지수)	KODEX미국배당다우존스 ETF
500만 원	ETF(레버리지 상품)	레버리지 ETF
500만 원	기타 투자	금/달러/코인 등

하나씩 살펴보면 이렇다.

① 정기예금 3,000만 원

목돈 중 30%는 안전하게 금고에 보관하듯 은행에 넣어둔다. 굳이 계산기를 두들겨보면, 인플레이션 따져보고 실질이자율(명목이자율 − 물가상승률)을 계산하면 오히려 남는 것도 없다는 생각이 들 수도 있다. 그럼에도 예금을 권하는 것은 '혹시 모르니까'이기 때문이다. 갑자기 주식시장이 폭락해서 주식, ETF 관계없이 반토막 날 수도 있는 세상 아니겠는가. 예상하지 못한 위험에 대비해서 손에 잡히는 이익은 없지만 예금을 통해 안전하게 목돈을 보관하는 것이 좋다. 혹시 과감한 투자를 원하신다면 ETF 레버리지와 기타 투자에 할당된 1,000만 원으로 시도해보시기를 권한다.

② 주식 직접투자 3,000만 원

한국, 미국 관계없이 주식을 선택해서 투자해보자. 3,000만 원은 상당히 큰돈이기에 변동성 높은 주식투자에 할당하는 것은 위험할 수도 있지만, 모아놓은 자금이 1억 원이라는 점을 고려하면 30%를 배분하는 것이므로 감당할 수 있는 범위 안에 있다. 조심조심 좋은 주식 골라서 3,000만 원을 넣고 좋은 결과를 기대해 볼 수 있을 것이다. 아마도 애플과 엔비디아를 투자하면서 다른 종목들도 많이 학습했을 것이니 어렵지 않게 종목 선정이 가능할 것이다. 필자 개인적으로는 밤에 안심하고 잠자리에 들 수 있는 애플, 엔비디아를 계속 하시기를 바란다. 물론 선택은 당신의 몫이다.

③ ETF 3,000만 원

미국 기본 3대 지수인 S&P500, 다우존스, 나스닥에 각 1,000만 원씩 투자하는 것을 추천한다. 이미 3~4년간 ETF를 계속 지속해왔으니 거부감이 들지는 않을 것으로 예상한다. 국내 출시 ETF는 ISA 통장을 통해 세금 혜택을 받을 수 있으니 이를 적극 활용한다면 더욱 좋은 결과를 얻을 수 있다.

④ 레버리지 ETF 및 기타 투자 1,000만 원

당신이 가진 날카로운 투자 감각을 발휘할 수 있는 좋은 기회다. 자산의 10%를 위험자산에 투자해본다는 마음가짐을 가져보시면 좋다. 특정 ETF가 지속적으로 상승할 것이라는 판단이라면 2배, 3배의 수익을 기대할 수 있는 레버리지 ETF를 활용해 보는 것도 좋다. 또는 금, 달러, 코인 등 관심을 가지고 있는 아이템이 있다면 적극적으로 실행해보시기 바란다.

월급 _____ 500만 원으로
1억 5,000만 원 _____ 만들기와 굴리기

급여 400만 원부터 고소득자의 시작점이라는 점을 감안하면 급여 500만 원은 대기업이나 잘 나가는 IT 기업에 몸값 높게 연봉협상에 성공한 경우라 볼 수 있다. 부러움을 받을 자격 충분하다. 그 부러움이 '저 사람은 잘 버는 고소득자야' 하는 것에서 그치지 않고 '심지어 돈도 잘 모으는 고소득자야'까지로 연결되기를 바란다.

필자가 L모 기업 사보 고민 상담 코너에서 아래와 같은 질문을 받은 적이 있다. 독자분들이 이 질문을 읽을 때 많은 생각이 들 것이라 생각한다.

맞벌이 저축 금액을 늘릴 수 있는 팁을 알려주세요!
"저희 부부는 맞벌이로 세후 소득은 합산 700~750만 원 정도 됩니다. 초등학생 자녀 한 명을 키우고 있습니다. 한 달 지출 중 자녀 학원비로 약 100만 원이 나가고 나머지 대부분은 식비로 소비됩니다. 한 달에 최소 200만 원 이상은 저축해야 한다고 생각하지만 현재는 100만 원도 저축하지 못하고 있어 고민이 큽니다. 저축 금액을 늘릴 수 있는 현실적인 방법이 있다면 알려주시면 감사하겠습니다."

잘 버는 것과 잘 모으는 것은 분명 차이가 있다는 점을 다시 한번 확인하실 수 있을 것이다. 여기에 더해 결혼의 위험성도 다시 확인하셨으리라 본다. 급여 400만 원의 경우와 마찬가지로 생활비 200만 원으로 책정하고 나머지 300만 원을 투자 금액으로 세팅해보았다.

공격적
솔루션

1 주식 200만 원(기대수익률 10% 적용)

- 엔비디아 직접투자 50만 원

- 애플 직접투자 50만 원

- 미국 S&P500지수 ETF 30만 원

- 미국 나스닥100지수 ETF 30만 원

- 삼성전자 직접투자 10만 원

- 비트코인 10만 원

- 달러 예금 10만 원

- 골드 뱅킹 10만 원

2 적금 & 청약통장 100만 원

- 적금 75만 원(일반 시중은행 정기적금, 연 이자율 4% 가정)

- 청약저축 25만 원(연 이자율 2.1% 가정)

구분	기간	1개월	6개월	12개월	18개월	24개월	30개월	36개월	42개월	48개월
적금	원금	75	450	900	1,350	1,800	2,250	2,700	3,150	3,600
	이자	0	5	20	43	75	116	167	226	294
	합계	75	455	920	1,393	1,875	2,366	2,867	3,376	3,894
청약 저축	원금	25	150	300	450	600	750	900	1,050	1,200
	수익	1	3	6	9	13	16	19	22	25
	합계	26	153	306	459	613	766	919	1,072	1,225
주식	원금	200	1,200	2,400	3,600	4,800	6,000	7,200	8,400	9,600
	수익	20	120	240	360	480	600	720	840	960
	합계	220	1,320	2,640	3,960	5,280	6,600	7,920	9,240	10,560
총원금		300	1,800	3,600	5,400	7,200	9,000	10,800	12,600	14,400
총수익		21	128	266	412	568	732	905	1,088	1,279
총합계		321	1,928	3,866	5,812	7,768	9,732	11,705	13,688	15,679

총 300만 원의 투자 금액에서 200만 원은 주식 및 코인, 나머지 100만 원은 적금과 저축으로 할당했다. 주식에는 ETF는 물론이고 비트코인, 달러 예금, 골드 뱅킹도 넣어보는 것으로 구성했다. 수익률을 예측하는 것은 불가능하지만 전체적으로 10%의 기대수익을 적용했다. 3년 후 예상 결과는 대략 1억 1,700만 원(원금 1억 800만 원 + 수익 905만 원)이고, 그로부터 1년이 더 지나면 1억 6,000만 원 수준을 기대해볼 수 있는 것으로 숫자가 나온다.

적금과 청약저축은 공격적 솔루션이라 해도 일정 부분은 유지되도록 했다. 혹시라도 갑작스러운 주식시장의 급등락 사태를 맞이해도 적금으로 기초를 다진 부분이 있으니 충격을 흡수하기 때문이다.

1 주식 100만 원(기대수익률 10% 적용)

– 미국 S&P500지수 ETF 50만 원

– 미국 나스닥100지수 ETF 50만 원

2 적금 & 청약통장 200만 원

– 적금 175만 원(일반 시중은행 정기적금, 연 이자율 4% 가정)

– 청약저축 25만 원(연 이자율 2.1% 가정)

주식투자 100만 원, 저축과 청약에 200만 원을 넣는 것으로 구성

구분	기간	1개월	6개월	12개월	18개월	24개월	30개월	36개월	42개월	48개월
적금	원금	175	1,050	2,100	3,150	4,200	5,250	6,300	7,350	8,400
	이자	1	12	46	100	175	271	389	527	686
	합계	176	1,062	2,146	3,250	4,375	5,521	6,689	7,877	9,086
청약저축	원금	25	150	300	450	600	750	900	1,050	1,200
	수익	1	3	6	9	13	16	19	22	25
	합계	26	153	306	459	613	766	919	1,072	1,225
주식	원금	100	600	1,200	1,800	2,400	3,000	3,600	4,200	4,800
	수익	10	60	120	180	240	300	360	420	480
	합계	110	660	1,320	1,980	2,640	3,300	3,960	4,620	5,280
총원금		300	1,800	3,600	5,400	7,200	9,000	10,800	12,600	14,400
총수익		11	75	172	289	428	587	767	969	1,191
총합계		311	1,875	3,772	5,689	7,628	9,587	11,567	13,569	15,591

했다. 직접투자 대신 ETF 위주로 설계했다. 36개월 차에 1억 2,000만 원 수준, 48개월에 1억 6,000만 원 수준의 결과를 예측해볼 수 있다. 굳이 공격적으로 포트폴리오를 구성하지 않아도 투입하는 원금 자체의 힘으로 목돈을 만들 수 있는 상황이다.

1억 5,000만 원
목돈 굴리기

급여 500만 원으로 4년 동안 1억 5,000만 원을 모은다면 주위에서 상당히 부러워할 것이다. 물론 이렇게 돈을 모았다는 사실 자체는 어느 누구도 알아서는 안 된다. 누군가 당신의 돈 냄새를 맡고 돈 빌려달라는 이야기를 하게 될 것이니 말이다. 1억 5,000만 원이면 금융상품은 물론이고 부동산에서도 일명 소액투자, 갭투자까지 가능한 금액이다. 심지어 창업까지 가능하다. 선택권이 대단히 많아진다는 뜻이다. 월급 관리 차원의 포트폴리오에서 이미 웬만한 상품들은 다 경험해봤을 것이기 때문에 1억 5,000만 원의 포트폴리오는 상품별로 비중을 정하는 선에서 조언을 드리도록 하겠다. 앞으로 1년간 이렇게 해보고 그다음부터는 그간 쌓아온 내공에 맞게 자율적인 투자 생활을 시작하시기 바란다. 월급 관리의 취지에 맞게 금융상품 위주로 포트폴리오를 구성했다는 점 미리 참고 바란다.

1억 5,000만 원 목돈 굴리기 포트폴리오

4년간 매월 250만 원을 들여 엔비디아, 애플, 삼성전자 등의 주식 직접투자는 물론이고 ETF 역시 미국 3대 지수 중 S&P500과 나스닥에 투자하고 있으니 기본적인 투자 지식과 경험은 모두 갖추고 있는 상태다. 각 상품의 투자에 필요한 내용들은 잘 알고 계시리라 생각하고 투자자산 배분에 대해 간략하게 의견을 제시해드린다.

① 정기예금 3,000만 원

비중을 보면 전체 자금 중 1/5 정도인 20%를 차지한다. 당장 내일 무슨 일이 일어날지 알 수 없는 세상이기에 최소한의 안전장치를 마련한 것으로 보면 된다. 앞서 다른 금액대의 포트폴리오에 대해서는 대략 30% 정도의 예금 비중을 추천했었는데 1억 5,000만 원의 목돈에 대해서는 비중을 낮췄다. 급여 500만 원을 꾸준히 받는 것이 안전장치라 볼 수 있기 때문이다.

② 주식 직접투자 5,000만 원

5,000만 원을 주식 직접투자에 배정하는 것은 결코 가벼운 일이 아니다. 그럼에도 대한민국 주식투자자의 평균 투자액은 5,103만 원이라고 한다(출처: 하나금융연구소 '대한민국 금융소비자 보고서 2025). 언뜻 생각하면 5,000만 원의 주식투자 금액은 크게 느껴지는데 대한민국 평균 수준이라 하니 놀라울 따름이다. 물론 보고서에 언급된 상품은 주식에 ETF까지 포함된 금액이니 세부적인 수치와 결과는 달라질 수 있다.

본론으로 돌아와서, 저자는 한국과 미국에서 그나마 안심할 수 있는 종목들을 추천해드렸는데, 여기에 더해 독자분들 각각 경험과 지식에 근거해서 또 다른 종목을 선택하고 싶은 마음 있을 것이다. 4년간 쌓인 내공은 당신을 배신하지 않을 것이다. 좋은 종목을 고를 수 있는 안목이 분명히 있을 테니, 자유롭게 원하는 종목을 선택해서 투자하면 된다. 혹시 개별종목의 투자 결과가 좋지 않더라도 ETF들이 뒤를 받쳐줄 것이니 크게 염려할 것 없다.

③ 미국 기본 지수 ETF 3종 4,500만 원

1억 5,000만 원 중 1/3 조금 안되는 금액을 미국 기본 지수 ETF에 넣어보시기를 추천드린다. 이미 S&P500과 나스닥에 대해 투자를 지속하고 있었을 것이니 다우존스를 추가해 각 1,500만 원씩 넣는 것이라 보면 된다.

④ 레버리지 ETF 1,500만 원

미국 3대 지수가 아닌 다른 ETF에 투자하고 싶다거나 화끈하게 상승할 만한 ETF를 발견했다면 레버리지 ETF에 할당된 1,500만 원을 활용해 투자를 해보자. 만일 마땅한 ETF를 제대로 찾기 힘들다고 판단되면 1,500만 원을 3등분 해 앞서 설명드린 미국 기본 지수 ETF에 각각 보태는 것도 좋은 방법이다.

⑤ 기타 투자 1,000만 원

금, 달러, 코인 등을 활용해 투자의 영역을 확장해보자. 금과 달러는 급상승을 기대하기보다는 적금처럼 안전한 보관을 위한 자산이라고 보면 되겠고, 코인은 성공하면 대박이고 실패하면 쪽박인 극과 극을 오가는 상품이다.

부동산 소액투자 가이드

부동산업계에서 소액투자라하면 보통 1억 원 내외의 자금으로
갭투자(매매가격과 전세가격의 차이를 이용한 투자) 하는 것을 가리킨다.
즉, 매매가격 2억 원의 주택에 전세 1억 원이 들어있다면 매입하는 투자자는
전세를 안고 매입하면 1억 원으로 매입을 할 수 있는 것이다.
부동산 매물을 꾸준히 살펴보면 가끔 개발지역에 속하는데 5,000만 원이나
1억 원 정도의 금액으로 갭투자를 할 수 있는 경우가 발견된다. 이를 잘
활용하면 비교적 소액으로 부동산 투자에 입문할 수 있다.

1. 실제 매물 사례
서울시 강북구 쌍문동에 '모아타운' 즉, 소규모 재개발 사업 구역으로 지정된
매물이 있다. 원룸 매물인데 매매가격은 8,000만 원, 전세가격은 5,000만
원이다. 전세를 안으면 3,000만 원에 매입이 가능하다.

2. 좋은 투자 매물의 조건(서울 기준)
서울 아파트는 값이 너무 올라서 전세를 안고 매입한다 해도 1억 원 내외의
금액으로 투자가 가능한 매물이 거의 없다. 서울에서는 1억 원 미만의
갭투자가 불가능하다고 봐도 무방하다. 여기에 더해 정부 정책에 따라 부동산
가격이 하락할 수도 있기에 소액으로 아파트 갭투자를 하는 것은 과거에는
좋은 투자였으나 이제는 좋다고 말하기 어려운 상황이다

조건 1) 서울의 모아타운

2024년 10월 기준, 서울시에서 추진 중인 모아타운은 총 91개소에 달한다.
각 지역마다 사업 속도가 달라 부동산을 매입해도 조합원이 될 수 없는 곳이
있지만 아직까지는 혹시라도 싼 값에 매입하면 나중에 신축 아파트를 받을 수
있는 조합원 자격을 얻는 매물도 많이 있다. 겉보기에 허름하면 허름할수록,
좁으면 좁을수록 투자 결과는 좋아질 수 있다. 무릎을 꿇는 것은 추진력을
얻기 위함 아니던가. 모아타운으로 지정된 곳은 좁고 허름하고 낡을수록 더
좋은 조건으로 투자 가능하다

조건 2) 지하철 인근

지하철에 가까울수록 즉, 교통이 좋을수록 좋다는 것은 잘 알고 계실 것이다.
그럼에도 서울의 어떤 지역들은 '여기가 서울 지하철 역세권 맞나?' 싶을
정도인 지역도 있다. 7호선 라인을 보면 중랑, 상봉 등의 지역은 왕복 2차선
도로만 깔려 있어 지방 읍내 분위기를 풍긴다.
역세권이라 하면 지하철역 출구에서 500m 거리를 의미하는데, 투자에
있어서는 조금 더 가깝게 350m 이내에 있는 것을 찾는 것이 좋다.
서울시에서 역세권 개발한다고 할 때 인심 좋게 개발 진행이 가능하려면
350m 이내에 있어야 하기 때문이다.

3. 주의사항

무조건 재개발하고 재건축하면 돈을 버는 시절을 지나갔다. 잔치는 끝나가고
있다. 끝나가는 잔치를 보면 음식도 먹을 만한 것은 남아 있지 않고 차갑게
식어 있기까지 하지 않던가. 마찬가지다. 서울이라 해도 재건축 사업이 오히려
손해 보는 사업일 수도 있다.
과거 아파트 재건축은 황금알을 낳는 거위 같은 사업이었다. 낡은 아파트 한
채 가지고 있었을 뿐인데 재건축 사업 이후에는 새 아파트로 변하고 시세도
올랐기 때문이다. 심지어 예전에는 아파트 재건축 사업을 할 때 따로 돈을 낼
필요도 없었다. 낡은 아파트가 공짜로 새것으로 변해서 값이 올라가는 사업이
바로 재건축 사업이었다. 시대가 변해 이제는 아파트 재건축할 때 부담금을
고려해야 한다. 예를 들어보자.
서울 노원구에 상계주공5단지라는 곳이 있다. 12평형 단일 평형으로 구성된
낡은 단지인데, 재건축을 추진 중이고 2025년 2월 현재 네이버 부동산에
대략 5억 원에 매물이 등록되어 있다. 32평형 새 아파트를 받으려면 분담금
규모가 5억 원에서 7억 원으로 예상되고 있다. 이 아파트를 사서 32평형을
받으려면 총 필요한 금액은 낡은 아파트 매입가격 5억 원 + 분담금 5억
원으로 총 10억 원이다. 문제는 인근 32평형 새 아파트(노원 포레나) 시세가
대략 12억 원이라는 것. 그래도 2억 원 수익 얻는 것 아니냐 싶을 텐데 세금
문제와 분담금이 아직 미확정이라는 점을 고려하면 오히려 손해를 볼 확률이
높다.

월급 500만 원으로 1억 5,000만 원 만들기와 굴리기

4. 그래서 결론은

서울에서 모아타운으로 지정됐거나 지하철역 인근 350m 이내의 지역이라는 2가지 조건 중에 한 가지라도 만족하면 5,000만 원 이하의 금액으로 전세 안고 매입하는 갭투자를 할 만하다. 다만 개발이 빨리 된다 해도 최소 5년은 기다려야 한다는 점을 감안해야 한다.

PART 08

부동산

부동산 _____ 서류,
계약서 _____ 보는 법

독자들에게 "앞으로 어디가 재개발되니까 투자하시면 됩니다"라고 설명하고 싶다. 재건축이나 재개발 투자의 수익성을 계산하는 방법도 말씀드리고 싶다. 필자의 희망과는 달리 현실적으로 사회 초년생에게는 어디를 싸게 사서 투자하는 것보다는 부동산에 있어 적어도 '사기'당하지 않는 방법을 설명드리는 것이 더 우선이라 판단했다. 그래서 준비한 것은 부동산 계약에 필요한 문서 보는 법과 계약 시 주의사항들이다.

부동산 계약의
종류

부동산 계약의 종류는 크게 3가지다. 부동산을 사고파는 '매매 계약', 전세로 거래하는 '전세 계약' 그리고 월세로 거래하는 '월세 계약'이다. 그렇다면 반전세는 어떤 계약일까? 반전세 계약은 전세보증금만큼 큰 목돈을 보증금으로 하고 월세 약간 받는 계약이다. 굳이 따져보면 일반 월세 계약과 마찬가지로 보증금 얼마, 월세 얼마 하는 계약이니 부동산 월세 계약으로 처리한다.

1 부동산 매매 계약

- 매도인: 부동산을 파는 사람(기존 부동산 소유주)
- 매수인: 부동산을 사는 사람(신규 부동산 소유주)

매도는 물건을 판다는 뜻이고, 매수는 물건을 산다는 뜻이니 부동산 계약에서 매도인과 매수인은 각각 부동산을 파는 사람, 사는 사람으로 구분할 수 있다. 흔하지는 않지만 매도인을 양도인, 매수인을 양수인으로 호칭하는 경우도 있다.

2 부동산 전세 계약

- 임대인: 전세를 놓는 집주인
- 임차인: 전세를 얻는 세입자

전세는 집주인은 바뀌지 않고 전세를 얻어 들어오는 계약을 가리킨다. 집주인은 임대를 놓는 임대인이라하고, 전세를 얻어 들어오는 사람은 임차인이라 부른다. 임차인은 세입자라고도 한다.

3 부동산 월세 계약

부동산 월세 계약의 당사자는 부동산 전세 계약과 동일하다. 임대인과 임차인으로 구분된다. 마찬가지로 세를 얻어 들어오는 임차인은 세입자라고도 한다.

부동산을 거래할 땐 기본적으로 등기사항전부증명서(구 등기부등본), 건축물대장 이렇게 2가지 서류를 확인한다. 등기사항전부증명서는 집주인이 누구인가 그리고 그 집에 대출이 얼마 잡혀 있는가를 확인하는 서류이고, 건축물대장은 '이 집은 정상적으로 지어진 것인가'를 확인하는 서류다.

1 등기사항전부증명서(구 등기부등본)

등기사항전부증명서는 부동산에서 가장 기본적으로 활용되는 서류다. 이 집의 주인은 누구이고, 대출은 얼마나 있는지를 확인할 수 있기 때문이다. 물론 부동산 거래를 할 때 부동산 사장님들이 알아서 출력하고 친절하게 설명해주겠지만, 하나도 모르는 상태에서 설명 듣는 것보다는 기본적인 내용을 미리 알고 있는 상태에서 설명을 듣는 것이 더욱 좋다.

① 등기사항전부증명서의 구성

등기사항전부증명서는 크게 3부분으로 구분된다. 표제부, 갑구, 을구, 이렇게 3부분으로 나뉘는데 명칭이 좀 어렵기는 하다.

아주 기본적으로 항목을 설명하면, 표제부는 해당 주택의 주소와 면적, 갑구는 소유주가 누구인가를 가리키는 소유권 설명, 을구는 해당 부동산에 혹시 대출이 잡혀 있는지를 나타낸다고 보면 된다. 물론 실제 등기사항전부증명서는 훨씬 더 많은 내용을 포함하고 있다.

등기사항전부증명서 샘플(서울시 강북구 우이동)

샘플을 통해 간략하게 등기사항전부증명서 보는 법을 확인해보도록 하자.

● 표제부(건물의 표시): 해당 부동산의 주소 및 건물의 면적. 서류를 보면 주소가 2개 나온다. 위에 있는 주소는 (구)주소 버전으로 위치가 표시되어 있는데 2022년에 도로명주소가 추가됐다. 위에 표기된 주소는 효력이 없으므로 빨간 줄이 그어졌다.

● 갑구(소유권에 관한 사항): 소유자의 이력을 확인하는 항목이다. 첫 소유자는 이**이었고 손**을 거쳐 2015년 이후 현재까지 김AA와 김BB가 반씩 지분을 가지고 소유하고 있다.

● 을구(소유권 이외의 권리에 관한 사항): 해당 부동산에 대해 대출이 얼마나 잡혀 있는지를 확인할 수 있다. 사례에서는 2009년에 채권최고액 4,800만 원이 잡혀 있었다가 2012년에 빚을 다 갚고 말소 처리했다. 해당 부동산에는 현재 대출이 없다.

사례는 비교적 간단하게 소유자와 대출 관계를 확인할 수 있는 상황이다. 실제 많은 부동산들은 이보다 훨씬 더 복잡한 경우가 많다.

2 건축물대장

건축물대장에는 해당 부동산의 용도, 면적 등에 대한 자세한 사항이 나온다. 문제는 김밥천국의 메뉴판처럼 너무 자세해서 뭘 봐야 할지 잘 모를 정도라는 것. 사회 초년생의 입장에서 전세 또는 월세 계약을 할 때 볼 것은 딱 2가지다. 첫번째는 '위반건축물' 여부, 두 번째는 '용도'다.

① 위반건축물 여부

오른쪽 위와 아래 그림은 각각 문제없는 건축물대장과 문제 있는 건축물대장이다. 문제 있는 건축물인 경우 건축물대장이라는 문서 이름 옆에 '위반건축물'이라는 표시가 선명하게 나타난다. 대부분의 경우 베란다, 창고, 옥상을 슬쩍 확장했다가 적발된 경우가 많다.

위반건축물의 가장 큰 문제는 매매 또는 전세 거래를 할 때 은행에서 대출심사를 안 한다는 것. 어찌어찌해서 나는 전세보증금을 대출 없이 마련할 수 있다 해도 내가 나갈 때 다음 사람이 들어오기

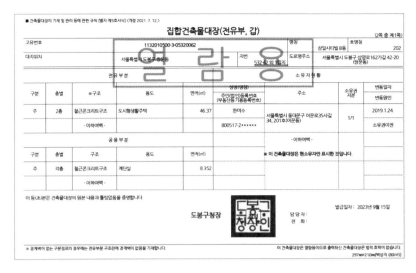

문제가 없는 건축물대장 샘플

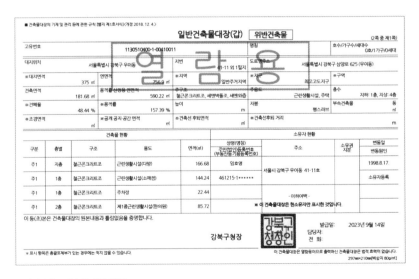

문제가 있는 건축물대장 샘플

힘들 수 있다.

② 건축물대장의 용도

건축물대장에서 용도는 '주택'이어야 안심하고 거래할 수 있다. 어떤 곳은 멀쩡하게 집처럼 생기고 집처럼 사용하고 있는데 서류상으로 '근린생활시설' 또는 '소매점'인 경우가 있다. 은행이나 보증보험회사에서는 주택 용도인 경우에만 대출과 보증이 가능하므로 용도 역시 제대로 확인해야 한다.

앞서 본 사례 비교에서 위반건축물 문제없는 정상적인 건축물대장을 보면 용도가 도시형생활주택으로 주택 용도임을 볼 수 있는 반면 문제 있는 위반건축물 사례를 보면 용도가 다방, 소매점, 주차장, 한의원 등 주택과 전혀 상관없다. 이런 곳에 전세, 월세 계약을 하면 큰일 난다. 법의 보호를 받기 어려워질 수 있기 때문이다.

부동산 서류, 계약서 보는 법

등기사항전부증명서에서 발견되면 위험한 단어

신탁등기

신탁등기란 간단하게 말해 소유자는 '바지사장'이고 실제 소유자는 돈을 빌려준 신탁회사라는 뜻이다. 매매, 전세, 월세 등 부동산 거래를 할 때 소유자는 신탁회사의 동의 없이는 아무것도 할 수 없고 계약이 무효가 될 수도 있다.

사례를 보자. 2017년에 **주식회사 이름으로 소유자 등록이 되었다. 바로 아래에는 **신탁주식회사가 수탁자로 등록되었다. 이 부동산에 대해 거래를 하고자 한다면 소유자 **주식회사는 단독 결정으로 계약을 하지 못하고 **신탁주식회사로부터 동의를 받아야 한다. 만일 동의를 받지 못하면 이 계약은 무효가 된다. 소유자인 **주식회사가 계약금이나 잔금까지 받았음에도 '나는 모른다. 배 째라' 하면 매우 골치 아파진다. 등기사항전부증명서에 이렇게 '신탁'이라는 글자가 보이면 어떠한 경우에도 수탁자의 동의를 확인하고 거래를 진행해야 한다. 부동산 사장님들이나 집주인들이 귀찮다는 이유로 수탁자 동의 여부를 확인 안 해주는 경우가 있는데, 대단히 위험한 행동이다.

소액임차인과
최우선 _____ 변제금

나라에서는 최우선 변제금을 통해 일정 규모 이하의 전세, 월세 임차인(세입자)에게는 집이 경매로 넘어갔을 때 최소한의 금액은 보호받을 수 있도록 해주고 있다. 최우선 변제금에 대해 알아보면서 보호받을 수 있는 경우와 없는 경우를 확인해보도록 하자.

최우선 변제금이란

전세, 월세로 거주 중인 집이 경매로 넘어가면 내 보증금을 제대로 지키기 어려워진다. 경매로 낙찰받는 금액이 터무니없이 낮아지는 경우엔 보증금을 제대로 돌려받지 못하고 집을 나가야 하는 경우도 있다. 잘못은 집주인이 하고 피해와 불편은 세입자가 겪어야 하는 대단히 불합리한 상황이다. 나라에서는 최우선 변제금 제도를 통해 최소한의 금액은 세입자가 보호받을 수 있도록 해주고 있다. 2025년 현재 적용되는 금액은 아래와 같다.

지역	최우선 변제 금액	소액임차인 보증금 범위
서울시	5,500만 원 이하	1억 6,500만 원 이하
과밀억제권역	4,800만 원 이하	1억 4,500만 원 이하
광역시	2,800만 원 이하	8,500만 원 이하
그 외 지역	2,500만 원 이하	7,500만 원 이하

서울시를 예로 들어보자. 최우선 변제 금액 5,500만 원 이하, 소액임차인 보증금 범위 1억 6,500만 원 이하로 표기되어 있다. 뜻을 풀어보자면 이렇다. 전세 또는 월세의 보증금이 1억 6,500만 원 이하인 경우, 집이 경매로 넘어갔을 때 우선 5,500만 원까지는 나라에서 무조건 보장해준다는 내용이다. 월세도 마찬가지다. 사회 초년생이 월세로 집을 얻으면 월세 보증금 규모가 대략 1,000~5,000만 원 내외일텐데 이런 경우라면 나라의 보호를 받아 안심할 수 있다.

보호받을 수 없는 경우 등
주의 사항

최우선 변제금은 최소한의 보증금을 지켜주는 고마운 제도이지만 어떤 경우에는 보호받을 수 없다. 특히 전입신고와 확정일자가 되어 있지 않으면 보호를 전혀 받을 수 없다. 국가 입장에서는 세입자가 실제로 여기 살고 있는 사람인지 확인할 방법이 없기 때문이다. 또한 위에 표기된 금액들은 시기에 따라 다르게 적용된다. 이와 같은 주의 사항을 정리하면 다음과 같다.

1 전입신고, 확정일자

전입신고와 확정일자는 이사하는 날 계약서와 신분증을 들고 주민센터에 방문하면 조치받을 수 있다. 전입신고라는 것은 '저 여기로 이사 와서 살게 되었습니다' 하는 거주지 확인의 개념이고, 확정일자는 '오늘부터입니다'라는 날짜 확인의 개념이라고 보면 된다. 주민센터에서 알아서 다 해준다. 방문만 하면 된다. 혹시 방문이 어려우면 인터넷으로도 해결 가능하다. 전입신고는 정부24 사이트를 통해, 확정일자는 대법원인터넷등기소 사이트를 통하면 된다. 개인적으로는 대법원인터넷등기소에서 확정일자를 받으려면 불친절한 메뉴 구성과 등기사항전부증명서를 발급해야 하는 등 '화병' 걸리게 된다. 오프라인으로 주민센터에 방문하는 것이 차라리 속 편하다.

2 시기에 따라 다른 최우선 변제금

표를 보면 2023년 2월 21일 이후 임차인 보증금 범위는 1억 6,500만 원 이하, 최우선 변제금은 5,500만 원으로 표시되어 있다. 최우선 변제금에 대해 잘 모르는 경우라면 2023년 2월 21일 이후 계약하면 무조건 5,500만 원까지 보호받을 수 있을 것이라 오해할 수 있다. 그렇지 않다. 왜냐하면 표에 표시된 기준시점은 부동산 계약 시기가 아니라 '대출받은 날'이기 때문이다.

예를 들어보자. A라는 투룸을 보증금 5,000만 원에 월세 50만 원으로 새로 계약하려는데 등기사항전부증명서를 보니 10년 전인 2015년에 은행 대출을 받아 아직 대출금이 남아 있다고 해보자. 이때 적용되는 최우선 변제금은 5,500만 원이 아닌 3,200만 원이다. 왜냐

소액임차인과 최우선 변제금

서울시 소액임차인, 최우선 변제금 현황

기준 시점	지역	임차인 보증금 범위	최우선 변제금
1990년 2월 19일 이후	서울시	2,000만 원 이하	700만 원
1995년 10월 19일 이후		3,000만 원 이하	1,200만 원
2001년 9월 15일 이후		4,000만 원 이하	1,600만 원
2008년 8월 21일 이후		6,000만 원 이하	2,000만 원
2010년 7월 26일 이후		7,500만 원 이하	2,500만 원
2014년 1월 1일 이후		9,500만 원 이하	3,200만 원
2016년 3월 31일 이후		1억 원 이하	3,400만 원
2018년 9월 18일 이후		1억 1,000만 원 이하	3,700만 원
2021년 5월 11일 이후		1억 5,000만 원 이하	5,000만 원
2023년 2월 21일 이후		1억 6,500만 원 이하	5,500만 원

하면 대출을 받은 기준시점이 2015년으로, 표에서 2014년 1월 1일 이후에 해당하기 때문이다. 혹시라도 이 집이 경매로 넘어가게 된다면 월세 세입자는 3,200만 원까지만 최우선 변제금 보호를 받을 수 있고 나머지 1,800만 원은 경매 과정을 거쳐야 한다. 경매 결과 누군가 낙찰을 받는다 해도 내가 못 받은 1,800만 원을 제대로 다 돌려받을 수 있을지는 미지수다. 낙찰받은 금액에서 나라에 밀린 세금과 경매 비용이 우선 결제되고 그 다음은 나보다 앞서 은행에서 대출금을 회수하기 때문이다.

전세나 월세 계약을 할 때 집에 대출이 있다면 그 시점을 확인하고 최우선 변제금 여부를 판단해야 한다.

계약서 ＿＿＿＿ 쓸 때
유리하게 특약 사항 ＿＿＿＿ 작성하기

부동산 거래를 할 때 기본적인 사항은 공통적이다. 부동산 사무소에서 계약서를 작성할 때에도 아예 내용이 고정되어 있다. 특약 사항은 일반적으로 적용되지 않는 내용에 대해 미리 약속을 정해두는 장치다. 악마는 디테일이 있다 하지 않던가. 계약서를 작성하고 났을 때 만일의 경우 이왕이면 나에게 유리하게 하거나 적어도 나에게 불리하지 않게 하려면 특약 사항을 잘 확인하고 작성해야 한다.

부동산 매매거래의

특약 사항

부동산 사무소가 계약서를 작성할 때 아래의 내용은 기본으로 입력되어 나온다. 대부분의 부동산에서는 아래 항목을 그대로 특약사항에 기입한다.

① 현 시설 상태에서의 매매 계약이며, 등기사항증명서를 확인하고, 계약을 체결함.
② 잔금 시까지의 각종 공과금은 매도자 부담으로 한다.

③ 본 특약 사항에 기재되지 않은 사항은 민법상 계약에 관한 규정과 부동산 매매 일반 관례에 따른다.

④ 현 시설물 상태의 계약이나 계약 시에 매도인이 고지하지 않은 부분에 하자가 있을 경우, 하자담보책임과는 별개로 매도인은 이를 수리해주기로 한다.

⑤ ○○은행 채권최고액 금 ○○원 상태의 계약으로 잔금일에 매도인이 상환하고 말소하기로 하며, 매도인은 잔금일까지 채무를 부담하는 등의 새로운 권리변동을 일으키지 않도록 한다.

⑥ 첨부서류: 실제 첨부하여 교부한 서류만 기재.

예시) 중개대상물 확인·설명서

이 특약 사항을 풀어보면 이렇다.

1 현 시설 상태에서의 매매 계약이며, 등기사항증명서를 확인하고,
계약을 체결함.

핵심 키워드는 바로 '현 시설 상태'다. 잔금 다 치르고 이사했더니 집의 상태가 유리창 깨지고, 벽에 금 가고, 어디 파손이 있는 등 상태가 나빠지는 경우가 드물게 있다. 이러면 매수자는 왜 집 상태가 이렇게 된 것이냐 따지는데, 이때 매도인이 "현 시설 상태 계약하셨잖아요" 하면 할 말 없다. 그 말이 틀린 게 아니기 때문이다.

이런 식으로 '현 시설 상태'에 대해 대비하는 방법은 '현 시설 상태 관련해서는 ○월 ○일 확인한 상태이며, 같은 날 매수자가 카톡 메시지로 전송한 현 상태 사진으로 한다.' 이렇게 문구를 바꾸면 된다. 뭐가 원래 있었네, 없었네 하는 분쟁을 막기 위해 사진을 찍어 증거로 남기면 된다. 그냥 현 시설 상태라고 표현하는 것은 별 효과 없다.

2 잔금 시까지의 각종 공과금은 매도자 부담으로 한다.

새로운 주인이 올 때까지 기존 집주인이 세금과 공과금을 부담한다는 내용이다.

3 본 특약 사항에 기재되지 않은 사항은 민법상 계약에 관한 규정과 부동산 매매 일반 관례에 따른다.

계약서에 없는 내용은 일반 관례에 따른다는 내용이다. 이 조항은 삭제해도 무방하다.

4 현 시설물 상태의 계약이나 계약 시에 매도인이 고지하지 않은 부분에 하자가 있을 경우, 하자담보책임과는 별개로 매도인은 이를 수리해주기로 한다.

일명 하자담보책임에 대한 것인데, 법의 내용을 풀어보면 매수인은 하자를 발견하고 6개월 이내에 수리를 요청할 수 있고, 이 권리는 잔금일부터 10년간 유지된다는 것이 핵심이다.

그럼에도 분쟁의 소지가 있다. 나는 멀쩡하게 쓰고 나왔는데 당신이 함부로 써서 집에 문제가 생긴 것을 나한테 뒤집어씌우는 거냐 하는 식으로 서로 니 탓, 내 탓 게임이 시작되기 때문이다. 재판으로 해결하려 해도 입증책임을 비롯해 재판 비용, 재판 과정의 심리적 어려움 등으로 배보다 배꼽이 더 클 수도 있다.

계약서 쓸 때 유리하게 특약 사항 작성하기

경험 많은 부동산에서는 이러한 분쟁을 피하기 위해 계약할 때 혹시 집에 누수, 보일러 고장 없는지 매도인에게 다시 확인받고, 잔금일 이후 6개월 이내 누수, 보일러 고장이 발생하면 매도인이 수리해 주기로 한다는 특약 문구를 넣는다.

5 ○○은행 채권최고액 금 ○○원 상태의 계약으로 잔금일에 매도인이 상환하고 말소하기로 하며, 매도인은 잔금일까지 채무를 부담하는 등의 새로운 권리변동을 일으키지 않도록 한다.

간략하게 요약하면 집을 팔 때 대출받은 것 다 갚아야 하고, 새로 대출을 받으면 안 된다는 내용이다. 집의 명의를 넘길 때 등기부 깔끔하게 해서 넘겨야 한다는 뜻이다.

6 첨부서류: 실제 첨부하여 교부한 서류만 기재.

예시) 중개대상물 확인·설명서

교부하는 서류를 적는다. 삭제해도 무방하다.

부동산 임대차(전세, 월세)
거래의 특약 사항

매매 계약과 마찬가지로 부동산 전세, 월세를 계약할 때 아래의 항목이 기본값으로 계약서에 들어간다.

① 본 주택의 임대차에 관한 중개대상물확인·설명서 및 계약서상의 시설물 상태는 임대인이 고지한 사항과 임차인 및 공인중개사의

현장 확인 사항을 기초로 한 것이다.

② 임대할 부분의 면적은 ○○○(공부상 전용면적 또는 연면적, 실측 면적)이다.

③ 본 주택을 인도받은 임차인은 ○년 ○월 ○일까지 전입신고와 임대차 계약서에 확정일자를 받아야 하며, 임대인은 위 약정 일자의 다음날까지 임차 주택에 저당권 등 담보권 설정을 할 수 없다.

④ 임대인은 본 계약 체결 당시 국세·지방세 체납, 근저당권 이자 체납 사실이 없음을 고지한다.

⑤ 임대인은 본 주택의 매매 계약을 체결하는 경우에는 사전에 임차인에게 고지하여야 한다. 다만, 임차인은 양수인이 보증 사고 이력 등으로 전세보증보험 가입 및 유지가 어려워 임대차 승계가 불가능할 경우 계약을 해지할 수 있으며, 임대차 계약 당시의 임대인에게 보증금 반환을 청구할 수 있다. (선택 특약)

⑥ 거래 당사자는 본 계약과 관련하여 분쟁이 있는 경우 법원에 소를 제기하기 전에 먼저 주택임대차분쟁조정위원회에 조정을 신청할 수 있다.

※ 주택임대차분쟁조정위원회 조정을 통할 경우 60일(최대 90일) 이내 신속하게 조정 결과를 받아볼 수 있습니다.

⑦ 주택 임대차 계약 신고는 계약 체결일로부터 30일 이내 관할 주민센터를 방문 또는 국토부거래관리시스템을 통하여 임대인과 임차인이 주택 임대차 계약 신고서에 공동으로 서명·날인하여 신고하여야 한다.

⑧ 본 계약에 명시되지 않은 사항은 주택임대차보호법 및 민법과

주택 임대차 계약의 일반 관례에 따른다.

⑨ 첨부서류: 중개대상물확인·설명서, 공제증서 사본 각 1부.

총 9개의 항목으로 구성된 특약 사항 기본값을 확인해보고, 주의 사항을 정리해보도록 하자.

1 본 주택의 임대차에 관한 중개대상물확인·설명서 및 계약서상의 시설물 상태는 임대인이 고지한 사항과 임차인 및 공인중개사의 현장 확인 사항을 기초로 한 것이다.

요약하면 기본사항은 서류를 보고 파악했고, 집의 상태는 집주인이 말해준 것과 부동산에서 현장 확인한 것을 기초로 한다는 뜻이다. 실무에선 특약의 1번 항목에는 이런 문장보다는 매매와 유사하게 '현 시설 상태를 기준으로 한다'는 표현이 자주 쓰인다. 현 시설 상태라는 표현은 모호하기 때문에 부동산 계약일을 기준일로 잡고, 사진을 찍어서 증거로 삼아야 한다는 것은 이미 알고 계실 것이다.

2 임대할 부분의 면적은 ○○○(공부상 전용면적 또는 연면적, 실측 면적)이다.

임대할 부분에 대해 면적을 표시하는 특약이다. '역전 앞'이라는 말처럼 불필요한 말이 붙은 항목이기도 하다. 이미 계약서 맨 위의 항목에 이미 '임대할 부분'이 필수로 명시되기 때문에 중복할 필요는 없다. 혹시 단독주택이나 다가구주택의 경우라면 집주인에게 '주차해도 되나요', '옥상에 올라가도 되나요'를 미리 확인받으시기를 권한다. 집주인은 주차장 사용 비용을 받지 않는 이상 세입자의 주차를 거부

할 수 있고, 옥탑방 계약이 아닌 이상 옥상을 쓰게 해줄 의무는 없으니까 미리 확인받을 필요가 있다.

3 본 주택을 인도받은 임차인은 ○년 ○월 ○일까지 전입신고와 임대차 계약서에 확정일자를 받아야 하며, 임대인은 위 약정 일자의 다음 날까지 임차 주택에 저당권 등 담보권 설정을 할 수 없다.

세입자가 언제까지 전입신고를 해야 하는지 미리 날짜의 기한을 적어놓는 항목이면서 동시에 집주인이 이 집에 대해 대출을 받으면 안 된다는 뜻이다. 특약에 써놓는 날짜는 잔금일로부터 대략 1주일 후를 잡으면 된다. 전입신고는 인터넷으로도 가능하지만 직접 가는 경우도 있기 때문에 약간 여유를 두는 것이 좋다. 전입신고는 전세보증금을 지키기 위한 방법 중의 기본이기 때문에 굳이 이렇게 특약으로 써놓을 필요는 없지만, 집주인에 대해 대출받지 말라고 하는 것은 꼭 필요하기 때문에 이 조항은 명시되는 것이 세입자에게 유리하다.

4 임대인은 본 계약 체결 당시 국세·지방세 체납, 근저당권 이자 체납 사실이 없음을 고지한다.

집주인이 세금을 제대로 내지 않아 집이 경매로 넘어가고 하는 불행을 막기 위한 조치 사항이다. 세입자가 계약서를 가지고 해당 부동산 관할 세무서에 가면 잔금일 이전까지는 집주인의 세금 체납 여부를 확인받을 수 있다. 아직 시스템이 완전하지 않아 모바일로는 확인이 되지 않아 아쉽기는 하지만 안전장치가 있다는 점에서 다행이라 할 수 있다. 생각보다 많은 사람들이 세금이 밀려 있다. 꼭 확인해봐야 한다. 은행 대출은 등기사항전부증명서(구 등기부등본)에 명시되지만, 세금 체납은 일정 체납액을 넘어야 '가압류'로 등기사항전부증명서에 표시되기 때문에 내가 직접 확인하는 수고가 필요하다. 게다가 부동산에서 대신해줄 수도 없다. 거래 당사자에게만 정보를 공개하기 때문이다.

5 임대인은 본 주택의 매매 계약을 체결하는 경우에는 사전에 임차인에게 고지하여야 한다. 다만, 임차인은 양수인이 보증 사고 이력 등으로 전세보증보험 가입 및 유지가 어려워 임대차 승계가 불가능할 경우 계약을 해지할 수 있으며, 임대차 계약 당시의 임대인에게 보증금 반환을 청구할 수 있다. (선택 특약)

핵심은 이렇다. 내가 전세 계약을 맺어 살고 있는데 집주인이 바뀌게 되는 경우, 내가 계속 거주 또는 이사 나가는 것을 선택할 수 있다는 뜻이다. 집주인이 바뀌었다고 먼저 나에게 연락해주는 집주인이라면 굳이 집을 다시 알아보고 나가는 등의 수고와 노력을 할 필요가 없지만, 혹시 집주인이 바뀐 것을 내가 우연한 기회에 알게 된다면 그 집주인은 뭔가 수상하고 나에게 손해를 입힐 가능성이 높은 위험인물이라 가정해야 한다. 느낌이 좋지 않으면 전세 계약을 파기하고 나가는 것은 전적으로 임차인(세입자)의 권한이다.

6 거래 당사자는 본 계약과 관련하여 분쟁이 있는 경우 법원에 소를 제기하기 전에 먼저 주택임대차분쟁조정위원회에 조정을 신청할 수 있다. ※ 주택임대차분쟁조정위원회 조정을 통할 경우 60일(최대 90일) 이내

신속하게 조정 결과를 받아볼 수 있습니다.

서로 분쟁이 있는 경우 재판 걸고 하면 최소 6개월에서 1년을 봐야 하니 급행 서비스로 주택임대차분쟁조정위원회 조정의 도움을 받을 수 있다는 내용이다. 있어도 그만 없어도 그만인 조항이다.

7 주택 임대차 계약 신고는 계약 체결일로부터 30일 이내 관할 주민센터를 방문 또는 국토부거래관리시스템을 통하여 임대인과 임차인이 주택 임대차 계약 신고서에 공동으로 서명·날인하여 신고하여야 한다.

임대차 계약을 하면 임대인 또는 임차인 양측에게 모두 30일 이내에 신고를 해야 하는 의무가 발생한다. 전세 계약을 맺고 1달 안에 잔금까지 치르고 이사한다면 전입신고가 원스톱으로 임대차 신고까지 대행해서 처리해주지만, 보통 전세는 계약부터 잔금까지 1달 이상 걸리므로 계약 시에 즉시 하는 것이 좋다. 다행히도 인터넷으로 신고할 수 있으니 시간과 장소의 제약은 없는 편이다(네이버나 구글 등 포털 검색창에서 '부동산거래관리시스템'을 입력하면 rtms.molit. go.kr 사이트를 방문할 수 있다).

8 본 계약에 명시되지 않은 사항은 주택임대차보호법 및 민법과 주택 임대차 계약의 일반 관례에 따른다.
특별한 뜻은 없다.

9 첨부서류: 중개대상물확인·설명서, 공제증서 사본 각 1부.
특별한 뜻은 없다.

전세 계약 시 계약금을 지키는 방법

은행 대출을 이용해 전세보증금을 충당하는 경우 계약서 작성 시에 주의가
필요하다. 은행에서 대출이 안 되는 경우도 있을 수 있기 때문이다. 이와
관련하여 별도의 특약을 넣지 않으면 계약금을 돌려받지 못하게 될 수
있으므로 은행 대출로 보증금을 마련하는 경우에는 아래의 특약을 꼭 넣어야
한다.

'임차인은 은행 대출을 이용하여 잔금 납부 예정이며, 임차인의 과실과
변심이 아닌 은행의 대출 심사 결과로 인해 대출 불가한 경우, 계약금 몰수
없이 계약은 해지되며, 임대인은 계약금을 임차인에게 반환하도록 한다.'

별다른 특약 없이 계약하게 되면 집주인 입장에서는 잔금을 준비하는 과정이
세입자의 보유 자산에서 나오는지 은행 대출을 이용하는 것인지 모르게 된다.
은행 대출이 안 되서 잔금을 치를 수 없는 상황이 된다 해도 집주인은 잘못한
것이 없기에 '계약 이행이 안 되면 계약금을 몰수하겠다'고 할 권리가 있다.
특약 사항으로 이런 문구를 추가하면 계약금을 몰수당하지 않을 수 있다.
만일 은행에서 대출을 안 해주면 임차인의 변심에 의한 계약 해지가 아니기
때문이다. 계약서에 이 같은 내용을 한 줄 넣는 것으로 내 재산을 지킬 수 있는
좋은 방법이다. 만일의 경우에도 서로 감정 상하지 않고 계약을 취소시킬 수
있다.

전·월세 계약 시 반려동물은 미리 허락받아야 좋다

대부분의 집주인들은 반려동물은 절대 불가하다는 입장이다. 반려동물이
있으면 소음이 발생하고, 잘 관리하지 않으면 배변으로 인한 악취가 발생하기
때문이다. 실제로 반려동물을 키우는 집은 전세나 월세 세입자로 환영받기
힘들다.

따라서 반려동물을 키워도 되는지 집주인에게 미리 확인받는 것이 좋다.
집을 구할 때 미리 반려동물 가능한 집을 알아봐 달라고 부동산 사무소에
이야기하는 것도 좋은 방법이다.

정말 반려동물을 키우고 싶다면 계약할 때 아예 항목 자체를 넣지 않음으로써
기술적으로 계약 위반이 되지 않도록 하는 방법이 있기는 하다. 반려동물이
안 된다는 특약이 없으면 반려동물 키워도 된다는 뜻으로 해석할 수 있기
때문이다.

요약하면 이렇다. 반려동물은 미리 허락받는 것이 가장 좋은 방법. 아예
반려동물 관련 특약이 들어가지 않도록 반려동물 자체를 입 밖으로 꺼내지
않는 것. 혹시 반려동물 안 된다는 특약이 있음에도 반려동물을 키우다가
집주인이 알게 되면 집주인은 계약 위반을 이유로 세입자 퇴거를 요구할 수
있다.

집, _____ 꼭
사야 _____ 할까?

2022년에 시작된 인플레이션과 기준금리 상승, 여기에 계속 이어진 대한민국 경제 상황의 악화로 인해 집값은 서울, 지방 관계없이 2021년 최고점 대비 많이 하락했다. 그럼에도 아직 손에 닿을 수 없을 만큼 집값이 비싸게 느껴지는 것은 사실이다. 서울 강남의 고급 아파트들은 3.3m²(약 1평)에 1억 원, 1억 5,000만 원씩 한다고 하니 월급 잘 굴려 포트폴리오 짜서 몇 년 안에 1억 원 모으는 것을 목표로 하는 우리 입장에서는 허탈한 웃음밖에 나오지 않는다. 낮아졌다고 해도 여전히 집값은 비싼데 집은 앞으로 사야 하는 것일까? 아니면 사지 말아야 하는 것일까?

집값은 항상
비쌌다

집은 비싸다. 이만하면 가격이 괜찮다 싶은 적은 한 번도 없었다. 서울 강남의 집값이 평당 5,000만 원일 때도 '집에 무슨 금테 둘렀나. 아무리 강남이지만 너무하다'는 생각이 일반적이었고, 평당 1억 원에 육박하는 지금도 '아무리 강남이지만 너무하다'는 생각이 일반

적이다. 집은 항상 비쌌다. 옛날에도 비쌌고 지금도 비싸다. 앞으로
는 어떻게 될까? 그렇다. 당연히 비싸다.

1 1997년 IMF 때에 집값은 싸도 비쌌다

IMF 구제금융 사태. 벌써 20년도 더 전의 이야기다. 우리나라 대
기업들이 망해나가고, 실업자가 갑자기 늘어나며 우리나라 경제가 휘
청이던 시절이다. 이때 집값은 반값이 되고 그마저도 계속 하락했다.
그러나 그때도 '집값 내려갔으니 이제 살만하다'라는 사람은 거의 없
었다. 집을 사는 것은 바보 같은 짓이었다. '당장 내일 우리나라가 망
할지도 모르는데, 집은 왜 사냐', '자고 나면 또 집값 떨어질 텐데 지
금 사면 너무 비싸게 사는 거다' 이런 식이었다. IMF 시기, 집값은 내
리고 내려서 많이 싸졌었지만 그때도 집값은 상당히 비싸게 느껴질
수밖에 없었다.

2 2008년 금융위기, 또 싸도 비쌌다

금융위기. 미국 경제가 망할지도 모른다는 위기감이 전 세계를 공
포에 몰아넣은 시기였다. 이때도 집값은 많이 하락했었다. '집값이 또
싸졌네. 이 기회 놓치지 않을 거예요!'라며 집을 사는 사람은 거의 없
었다. '당장 내일 전 세계가 망할지도 모르는데 집은 왜 사냐', '자고
나면 또 집값 떨어질 텐데 지금 사면 너무 비싸게 사는 거다' 또 이런
식이었다. 금융위기, 이 시기에도 집값이 많이 하락했었지만 그때도
집값에 대해 '이제 바닥이다'라고 이야기하는 사람은 없었다.

특히 이 시기를 전후해서 '집값 폭락론'이 인기를 많이 얻었다. 우

집, 꼭 사야 할까?

리나라는 인구가 줄어들 것이니 수요가 줄어 집이 남아돌 것이고, '집으로 돈 버는 시대는 이제 끝났다'라는 주장이 핵심이었는데, 많은 사람들이 이 주장에 대해 공감하기도 했었다. 어차피 집값은 폭락할 텐데 뭐하러 집을 사냐, 많이들 이러셨다.

3 지금도, 앞으로도 계속 비쌀 예정이다

지금 집값이 비싼 것은 사실이다. 미쳤다고밖에 볼 수 없는 가격들이다. 과거엔 서울 지역의 경우 강남 및 일부 부유한 지역만 너무 비쌌었는데, 이제는 말도 안 되는 서울 구석구석 아파트들도 너무 비싸졌다. 집값이 내려갔다 해도 아직 비싸다. 앞으로 10년, 20년 후에도 집값은 계속 비싸다고 느껴질 수밖에 없다.

집은 살 수 있으면
사는 것이 좋다

주택의 임대차시장에서 전세 비중이 줄어들고 월세 비중이 높아지고 있다. 우리나라의 전세 제도가 가진 비합리성이 우리 사회와 맞지 않게 되었다고 분석하는 전문가들도 있고, 전세보증금을 제대로 돌려받을 수 없는 리스크가 월세 계약으로 전환하는 요인이 되고 있다고도 한다. 많은 전문가들은 앞으로 월세 계약의 비중이 늘어날 것으로 예상하고 있다.

독자분들이 중년이 되면 집을 매매할 것인가 아니면 전세, 월세로 계속 거주할 것인가를 선택하게 될 것이다. 결론부터 말씀드리자면, 집을 사는 것은 재테크 측면에서 큰 수익을 얻을 수 있는 시장은 아니게 될 것이다. 인건비도 오르고 건축비도 오르고 있기 때문에 재건축이나 재개발을 통해 소위 대박을 얻을 수 있던 시절은 점점 지나가고 있기 때문이다. 그럼에도 집을 보유하는 것은 심리적 만족감, 거주 불안정 리스크 해소 등의 측면에서 월세 거주하는 것보다 나은 선택이다. 서울 강남의 으리으리한 고급 아파트를 사라는 것이 아니다. 작고 낡았어도 '내 소유의 집'이 가지는 만족감과 안정감을 이야기하는 것이다.

필자는 강연회에서 부동산에 대해 마무리할 때 항상 이렇게 이야기한다.

"집이 있어도 푸어하고, 집이 없어도 푸어하다면, 이왕 푸어할 것 집 있게 푸어합시다."

독자분들께도 같은 말씀을 드리고 싶다. 집 있게 푸어하면 그래도 명분 있게 푸어할 수 있지 않겠는가.

PART 09

아웃트로

오늘만 _____ 살자

　누구나 꿈이 있다. 돈을 많이 벌면 지금의 집을 바꾸고, 자동차를 바꾸고, 인생을 바꿔야지. 돈을 화끈하게 많이 벌어서 고급 식당에서 값을 안 보고 주문 마음껏 해야지 등등. 조금 배우신(?) 분들이라면 기부를 많이 해야지 또는 장학재단을 설립해서 가난한 학생과 청년에게 배움의 기회를 제공해야지도 있다. 그 꿈이 내일 아침에 눈 떴을 때 현실이 되지는 않는다. 모든 사람이 각자의 꿈을 가지고 있지만 그 꿈을 이루는 사람은 극소수에 불과하다.

　재테크도 이와 비슷하다. 각자 투자에 대한 계획도 있고, 투자가 성공적으로 이루어지면 무얼 어떻게 하겠다는 계획도 있다. 아쉽게도 대부분 중도에 포기하는 경우가 많다. 야심 차게 주식을 해보다가 조금 손해 보면 '난 아닌가봐', 펀드 잘 넣다가 수익률 떨어지면 '또 아닌가봐' 내 집 마련을 위해 월급을 모으다가 전세·매매가격 오르면 '이번 생은 아닌가봐' 등등. 이러한 결과가 나오는 이유는 여러 가지가 있을 수 있겠지만 하나를 꼽아보자면 '꿈이 너무 커서'라고 할 수 있다.

너무
멀리 있다

필자의 경험이다. 몸짱 되겠다고 헬스장에 등록하고 컴퓨터 바탕화면을 멋진 근육맨의 사진으로 한 적이 있다. '나도 저렇게 될 거야. 수영장 같은 곳에 가서 함부로 옷을 벗을 거야'라는 꿈을 가졌던 것은 물론이다. 한두어 달 열심히 해도 몸이 아프기만 하고 바탕화면 같은 몸매가 될 기미가 전혀 보이지 않는다. 이때부터는 슬슬 스스로와 타협하기 시작한다. '그래, 헬스는 휴식이 40%랬어', '일단 살을 찌워서 벌크업부터 하고 그다음에 세밀하게 깎아나가자. 지금 먹는 치킨은 벌크업을 위한 거야'라는 자기합리화도 기가 막히게 한다. 물론 '내일부터 운동 다시 열심히 할 거니까 오늘까지는 먹고 싶은 거 다 먹을 거야'라고 생각하기도 한다.

운동을 해서 몸을 만들려면 멋진 근육맨을 바탕화면으로 할 것이 아니라 지금 당장 걸어서 헬스장까지 가야 한다. 날씨가 궂어서, 지금 일이 바빠서 등등의 여러 가지 이유에도 불구하고 일단 헬스장 입구까지 가야 하는 것이다. 운동해본 분들은 공감할 것이다. 헬스장 입구에 가는 것이 얼마나 힘든 일인지. 그 입구까지 꾸준히 가는 것이 결국 자신이 원하는 몸을 만드는 가장 좋은 방법이라는 것을 말이다.

육식 재테크도 그러하다. 너무 먼 미래를 생각하면 오히려 방해된다. 머릿속엔 이미 10억 원, 20억 원을 모았는데 지금 통장은 10만 원, 20만 원도 아쉬운 것이 현실이다.

그러니

오늘만 살자

재테크에서 '오늘만 산다'라고 하면 무절제한 소비, 사고 싶은 거다 사는 욜로의 삶을 생각할 수 있는데, 그렇지 않다. 오늘만 살자라는 것은 미래에 대한 원대한 목표는 아니더라도 오늘 당장 수중에 돈이 있으면 주식 사고 펀드에 넣자는 것이다. 천 리 길도 한 걸음부터라 하지 않던가. 앞으로 1,000만 원 길도 지금 당장 1만 원부터 시작이다.

하루하루 재테크를 하다 보면 뒤돌아봤을 때 벌써 10년, 20년이 된다. 20대 중후반인 사회 초년생이 앞으로 50년쯤 더 산다고 했을 때 식사를 대략 5만 5,000번쯤($365 \times 3 \times 50 = 54,750$) 하게 된다. 난 앞으로 5만 번 식사해야지, 라고 계획을 세울 필요 없이 하루 3번 먹으면 그렇게 된다. 재테크도 앞으로 50년 해야 한다라고 생각하면 그 숫자와 기간에 벌써 포기가 '마려워진다'. 너무 먼 미래를 생각하지 말고 오늘만 살자.

2015년 개봉했던 영화 〈마션〉의 명대사가 생각난다. 화성에서 탐사 활동을 하다가 사고로 홀로 남게 된 주인공이 많은 어려움을 극복하면서 결국 지구로 살아 돌아온다는 감동적인 공상과학 영화다. 영화의 마지막에 주인공이 후배들에게 이야기하는 내용이 감동적이다. 아래에 짧게 옮겨보았다.

This is space, it does not cooperate.

At some point, everything is going to go south on you.

Everything is going to so south and you're going to say,

"This is it.", "This is how I end."

Now, you can either accept that or you can get to work.

That's all it is. You just begin.

You do the math.

You solve one problem, then you solve the next one.

And then the next.

And if you solve enough problem,

you get to come home.

우주는 협조적이지 않아.

어느 순간 모든 게 틀어질 거야.

모든 것이 틀어지면 그러겠지.

"이거구나.", "난 이렇게 끝나는구나."

이제 그걸 받아들이거나, 다시 일할지 결정해야 해.

그게 다야. 이제 막 시작이야.

머리를 굴려서

하나의 문제를 해결하고, 다음 문제를 해결하고

또 다음 문제.
문제를 충분히 해결하면
집으로 돌아와 있을 거야.

관점을 바꿔서 오늘 하루만 하자. 이렇게 매일매일 '오늘 하루만'. 눈앞에 보이는 문제를 해결하면서 매일을 보내면 그게 10년이 되고 20년이 된다. 앞으로 너무 길게 재테크하려는 계획을 세우지 말자. 다만 오늘만, 이번 달만 계획한 대로 투자하자. 이렇게 하다가 나중에 보람 있게 뒤돌아보도록 하자.

버티면
좋은 날 _____ 온다

　사회생활을 시작하면 나를 키워주신 우리 부모님이 얼마나 대단하신지 알 수 있다. 나는 아이를 키울 때 과연 우리 부모님처럼 할 수 있을까 자신이 없어지기도 한다. 그렇다. 인생은 참 고달프다. 마음먹은 대로 되는 일이 하나도 없다.

　주식에 투자했는데 하락하기도 하고, 펀드에 적립식으로 투자해도 수익률은 계속 마이너스에서 꿈쩍할 생각도 안 한다. 성실하게 공부해서 취직하면 행복하게 잘 살 수 있을 것 같았는데, 그렇지도 않다. 평균 이상의 월급을 주는 회사에 입사해서 기뻐하는 것도 잠시일 뿐이다. 내 집 마련 앞에서는 한없이 작아진다. 집 하나 사는 것이 너무 어려워 보인다. 저렇게 집은 많은데 내 이름으로 등기할 수 있는 집은 하나도 없다. 나만 빼고 사람들은 모두 부자인 것 같다. 인스타를 보면 나만 빼고 다들 여행 잘 다니고, 좋은 거 먹으러 다니는 것 같기도 하다. 그 좌절감과 실망감으로 어떤 사람들은 극단적인 선택을 하기도 한다.

언제까지나 마이너스인

상품은 없다

재테크 세미나에 가면 '○○펀드가 지금 수익률이 계속 마이너스인데 어떻게 해야 하나요. 지금이라도 뺄까요?'라는 질문을 많이 받는다. 미래에셋의 아픈 손가락인 '인사이트 펀드'라는 것이 있다. 2007년 11월 투자자를 모집해 보름 만에 설정액 4조 원을 넘긴 펀드 투자 열풍의 상징과도 같은 상품이다. 이 펀드는 출범하고 얼마 지나지 않아 미국발 금융위기의 직격탄을 맞게 된다. 펀드 출범 후 2009년에는 마이너스 50%, 이후 6년 연속 마이너스를 기록하기도 했다.

펀드 시작하고 한두 해 정도 마이너스가 나면 그러려니 할 수 있지만 7년 연속으로 마이너스가 나고 반토막 난 투자 금액에서 다시 마이너스 20%, 마이너스 10% 이후에 계속 마이너스 25%씩 나게 되면 버티기 힘들다. 실제 마이너스 수익률에 지친 투자자들은 손실을 보더라도 펀드를 환매하기도 했었다.

인사이트 펀드에 투자했었다면 10년간 마음고생 많았을 것이다. 그럼에도 떠나지 않고 버틴 투자자들은 원금 회복과 함께 수익까지 얻을 수 있었다. 버티면 된다. 아니 버텨야 한다는 것을 알 수 있다. 펀드에 투자했는데 아차 싶을 때가 있다. 기대보다 못한 수익률을 보여주면 더욱 그러한데, 이때 성급하게 환매해서 다른 투자처를 알아볼 것이 아니라 일단 버티기에 들어가야 한다. 우리나라 최악의 펀드라 평가받던 인사이트 펀드조차도 10년 동안 버티니 원금 회복에 수익률 플러스라는 결과를 얻을 수 있지 않았던가.

버티면 좋은 날 온다

버티면 당신의

날은 온다

비단 주식이나 펀드만 그런 것은 아니다. 인생도 비슷하다. 항상 못 나가는 날만 있는 것도 아니고 항상 잘되기만 하는 것도 아니다. 필자 역시 그러했다. 지금이야 뭐 나름대로 잘 나가는 재테크 책 저자이면서 강사이지만 처음부터 잘 나가지는 못했다. 처음 회사를 그만두었을 때 힘든 시기를 겪기도 했었다. 건강보험료를 밀렸더니 자동차에 가압류 들어오기도 하고 그랬었다.

필자를 베스트셀러 저자로 만들어줬던 〈월급쟁이 재테크 상식사전〉이라는 책 역시 힘든 시기에 쓴 책이다. 배경을 설명하자면 이렇다. 처음 보험·부동산 영업을 할 때 '넌 뭔데 재테크에 대해 이러쿵저러쿵 나에게 간섭이냐'라는 이야기를 많이 들었다. '그래? 그렇다면 뭔가 들이밀 수 있는 게 필요하겠다'라는 생각에 그간 경험하고 고객들에게 이야기했던 것을 정리한 책이 그 책이다. 처음부터 '난 베스트셀러 재테크 책을 쓸 거야'라는 생각은 전혀 없었고, '저는 나름대로 책도 쓴 사람입니다'라고 이야기하고자 집필한 책이었다. 결과적으로 전혀 의도하지 않게 책이 독자들에게서 과분한 사랑을 받았고, 이제 영업은 안 하고 책의 인세와 칼럼 기고만으로도 생활이 된다.

일단 버티자. 그러면 당신의 날은 온다. 우연히 오거나 필연적으로 올 것이다.

돈 나올 데가
월급밖에
없는
당신을 위한
진짜 쉬운
재테크

사회 초년생과 초보를 위한
월급 투자 시나리오

펴낸 날	____	초판 1쇄 발행 2025년 3월 7일
대표·발행인	____	이익원
편집인	____	고규대
지은이	____	우용표
진행·편집	____	박유리 권혜수 전수아 윤영준
디자인	____	베스트셀러바나나
인쇄	____	엠아이컴
펴낸 곳	____	이데일리(주)
등록	____	제318-2011-00008(2011년 1월 10일)
주소	____	서울시 중구 통일로 92 KG타워 19층
전자우편	____	edailybooks@edaily.co.kr
가격	____	18,700원
ISBN	____	979-11-87093-33-6 (03320)